互联网的使用对农民工返乡创业的影响研究

蒋志强 著 ◎

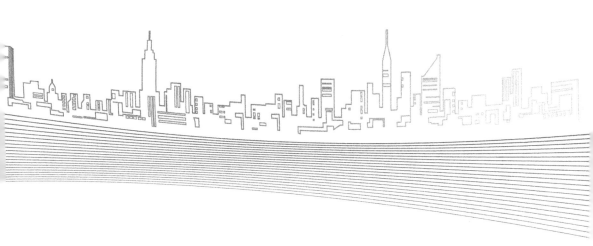

东南大学出版社
SOUTHEAST UNIVERSITY PRESS
·南京·

图书在版编目(CIP)数据

互联网的使用对农民工返乡创业的影响研究 / 蒋志强著. —南京：东南大学出版社，2022.12
ISBN 978-7-5766-0499-3

Ⅰ.①互… Ⅱ.①蒋… Ⅲ.①互联网络－影响－民工－创业－研究－中国 Ⅳ.①F249.214-39 ②D669.2-39

中国版本图书馆 CIP 数据核字(2022)第 231555 号

责任编辑：胡中正　　责任校对：张万莹　　封面设计：顾晓阳　　责任印制：周荣虎

互联网的使用对农民工返乡创业的影响研究

著　　者	蒋志强
出版发行	东南大学出版社
社　　址	南京市四牌楼 2 号(邮编：210096　电话：025-83793330)
经　　销	全国各地新华书店
印　　刷	广东虎彩云印刷有限公司
开　　本	700 mm×1000 mm　1/16
印　　张	12.25
字　　数	220 千字
版　　次	2022 年 12 月第 1 版
印　　次	2022 年 12 月第 1 次印刷
书　　号	ISBN 978-7-5766-0499-3
定　　价	40.00 元

本社图书若有印装质量问题，请直接与营销部联系，电话：025-83791830。

前言

在经济增速放缓、结构调整以及增长动力转换的经济新常态条件下,农民工作为一群特殊的劳动力群体,在劳动收入、就业岗位以及社会保障等诸多方面正在面临愈加严峻的挑战。《2020年农民工监测调查报告》显示,2020年我国农民工总体规模达到28 560万。2015年,国务院办公厅发布的《关于支持农民工等人员返乡创业的意见》指出:"支持农民工、大学生和退役士兵等人员返乡创业,通过大众创业、万众创新使广袤乡镇百业兴旺,可以促就业、增收入,打开新型工业化和农业现代化、城镇化和新农村建设协同发展新局面"。2019年一号文件《中共中央国务院关于坚持农业农村优先发展做好"三农"工作的若干意见》中提出支持农村创新创业,鼓励农民工创新创业。随着乡村振兴战略的实施,越来越多的农民工愿意返乡创业。统计数据显示:2020年全国以农民工为主体的各类返乡入乡创业创新人员达到1 010万,同比增长19%。农民工返乡创业逐渐成为政府与学术界关注并深入研究的焦点问题。研究主要涉及返乡创业现状、存在的问题及对策,返乡创业动因,返乡创业影响因素以及返乡创业的作用与意义等主题。

近年来,互联网在我国迅速发展并普及。截至2021年6月,我国网民规模已经达到10.11亿,互联网普及率达到71.6%。其中,农村网民规模为2.97亿,占网民总体的29.4%。互联网深刻地改变着人们的生产生活方式。一方面，互联网提供了更为丰富的信息资源，拓宽了信息获取与供给的渠道，加快了信息传播的速度；另一方面，互联网为人们提供了新的学习、工作、交流以及娱乐的平台，打破了原有的平衡，创造出新产品、新业态与新模式。那么，互联网是否会对农民工返乡创业产生影响？影响机制与路径是什么？如何更为有效地使用互联网帮助农民工返乡创业？这些是本书试图回答的主要问题。

本书在研究内容安排上共分为七部分，分别为：

第一部分包括第1章和第2章，为本书的研究基础部分。主要对研究背景与意义、研究目标与内容、研究思路与方法、相关重要概念以及可能存在的创新点进行了阐述，回顾了经典的推拉理论、需求层次理论与创业理论，进一步从农民工返乡创业基本内涵、现状与问题、动因与影响因素、作用与意义以及与互联网的关系等角度对现有文献进行梳理与总结。

第二部分为第3章，是本书的理论分析部分。该部分阐释互联网的基本属性，明确互联网的"信息工具"与"技术工具"功能属性特征。并且进一步地进行分析，一方面从识别创业机会、降低创业成本以及规避创业风险三个层面分析互联网的使用对农民工返乡创业的直接影响；另一方面从积累社会资本、提升人力资本以及丰富金融资本三个层面探讨互联网的使用对农民工返乡创业的间接影响，并提出研究假设。

第三部分为第4章，对特征事实进行了分析。基于中国家庭追踪调查(CFPS)2018年数据，通过列联表等描述性统计分析方法，对样本农民工总体特征、农民工互联网使用特征以及农民工返乡创业特征等方面进行描述性统计分析，得到农民工返乡创业与互联网使用的现实状况。

第四部分包括第5章和第6章，为本书实证分析部分。使用中国家庭追踪调查(CFPS)2018年数据，构建计量模型，实证检验互联网的使用对农民工返乡创业的直接影响与间接影响效果，验证第3章提出的研究假设。

第五部分为第7章,是本书的案例分析部分。课题组在田野调查过程中,选择10个具有典型特征的农民工返乡创业案例进行深入研究,凝练总结一般性特征。

第六部分为第8章,主要是农民工返乡创业支持体系构建部分。在梳理国家层面与省级层面农民工返乡创业支持政策基础上,构建"农民工-政府-社会"多方参与的"三位一体"农民工返乡创业支持体系。

第七部分为第9章,主要是本书的结论与研究展望。

本书研究过程中存在的创新之处如下:

(1) 研究视角切入方面,本书重点关注了互联网的使用是否会对农民工返乡创业产生影响,如何影响农民工返乡创业以及影响效果如何等问题。在对农民工使用互联网与返乡创业现状进行分析的基础上,借鉴经典创业理论,构建了互联网的使用对农民工返乡创业直接与间接影响的理论分析框架,分别从创业机会、创业成本以及创业风险等直接影响层面与社会成本、人力资本以及金融资本等间接影响层面探讨互联网的使用对农民工返乡创业的内在影响机理。进一步地构建计量经济模型对互联网的使用对农民工返乡创业影响效应进行实证检验,验证理论研究假设。并对10个典型农民工返乡创业案例进行了分析,最后提出互联网的使用支持农民工返乡创业的政策体系。

(2) 研究方法选择方面,本书综合使用了描述性统计分析法、计量经济分析法、案例分析法、田野调查访谈法以及文献分析法等多种研究方法。具体而言,使用描述性统计分析方法对农民工返乡创业与互联网的使用特征进行了分析;使用probit模型、倾向值匹配(PSM)等计量分析方法实证检验互联网的使用对农民工返乡创业的影响效应;使用田野调查访谈法与案例分析法对农民工返乡创业典型案例进行研究;文献分析法伴随课题全部研究过程,从研究课题选题,到理论框架构建,再到计量模型选择以及政策支持体系完善与发展,都离不开已有研究文献的支持。通过各种研究方法的综合使用,共同保证了课题研究的顺利开展。

(3) 研究数据使用方面,本书综合使用中国家庭追踪调查(CFPS)

与课题组田野调查访谈数据展开研究,做到了"面"数据与"点"数据的有机结合。中国家庭追踪调查(CFPS)数据是由北京大学和国家自然科学基金资助、北京大学中国社会科学调查中心执行的全国性、多学科的大型社会调查跟踪项目,具有权威性、客观性与较强的可信度。同时也使用了课题组利用暑假"三下乡"社会实践活动自行调研访谈的数据。这为更好地完成研究奠定了良好的数据基础。

本书研究后发现:

(1)在农民工使用互联网与返乡创业特征方面,首先,具有初中与高中(含中专、技校与职高)文化程度的20岁至40岁男性农民工是使用互联网的主要人群;其次,超过半数(50.78%)的农民工认识到了互联网作为信息渠道的重要性;再次,大多数农民工主要将互联网用来社交与娱乐,使用互联网从事商业活动的农民工比例相对较低;最后,具有初中与高中(含中专、技校与职高)文化程度的31岁至40岁男性农民工(新生代农民工)是返乡创业的主力军。

(2)在互联网的使用对农民工返乡创业影响的内在逻辑方面,首先,互联网具有"信息工具"与"技术工具"属性,在理论上,互联网的使用在直接与间接两个层面对农民工返乡创业产生影响;其次,作为"信息工具"的互联网为人们提供了丰富的信息资源,拓宽了信息获取与沟通的渠道,加快了信息交流与传播的速度。再次,作为"技术工具"的互联网为人们提供了认识世界与改变世界的新方法与新手段,在打破原有平衡的基础上,催生了新产品、新业态以及新模式。最后,互联网"信息工具"与"技术工具"的使用有助于创业机会识别、创业成本分摊与控制以及创业风险规避,进而直接影响农民工返乡创业。与此同时,通过对潜在创业者在社会资本、人力资本、金融资本的影响,从而对农民工返乡创业产生间接影响。

(3)在互联网的使用对农民工返乡创业直接影响方面,互联网的使用对农民工返乡创业产生了积极的直接正向影响,相较于不使用互联网的农民工,使用互联网的农民工返乡创业概率更高。作为"信息工具"与

"技术工具"的互联网作用明显。进一步从群体异质性来看,互联网的使用对具有初中学历的40岁以下的男性农民工返乡创业影响最为显著;从信息渠道来看,相较于电视、报纸与期刊、广播以及手机短信等信息渠道,互联网信息渠道更为显著地影响了农民工返乡创业选择;从技术工具来看,互联网"技术工具"促进了农民工返乡创业,对农民工返乡创业影响显著。

在互联网的使用对农民工返乡创业间接影响方面,首先,互联网的使用使得返乡农民工积累了更多的社会资本,有助于返乡农民工获取创业信息,发现创业机会,对农民工返乡创业起到积极的促进作用。其次,使用电脑上网进一步提升了返乡农民工的人力资本,进而促进了农民工返乡创业。但是,使用手机上网对农民工人力资本提升影响不明显。最后,互联网的使用促进了金融资本的增加,为农民工返乡创业奠定了资金基础,提供了有效的资金保障,推动了农民工返乡创业。

(4)从田野调查访谈案例来看,农民工返乡创业具有以下特征:首先,农民工返乡创业原因多样,既有返乡照顾未成年子女与生病老人、被裁员等客观原因,也有乡土难离的故乡情结,城市的难以融入、缺乏归属感,不满足打工生活现状以及继承家业等主观原因;其次,返乡创业项目与外出务工经历高度相关,在某种程度上是外出务工的延续;最后,互联网作为"信息工具"与"技术工具"功能属性被广泛使用,部分受访农民工从互联网"信息工具"功能属性获得创业项目信息,发布产品需求与供给信息。部分受访返乡农民工使用互联网"技术工具"功能属性从事生鲜、箱包等电商业务,线上线下结合方式已经成为农民工返乡创业的常态。

(5)支持农民工返乡创业是一项系统工程,需要包括农民工、政府以及社会等多方主体共同参与,共同努力,共同全力打造"三位一体"支持体系。农民工以自我提升为核心、政府以满足农民工需求为中心、社会以农民工返乡创业氛围营造为重点,全力助推农民工返乡创业。

目录

1 绪论 ... 001
- 1.1 研究背景与意义 ... 001
- 1.2 研究目标与内容 ... 003
- 1.3 研究思路与研究方法 ... 005
- 1.4 相关概念界定 ... 007
- 1.5 本书可能的创新点 ... 009
- 1.6 本章小结 ... 010

2 文献综述 ... 011
- 2.1 经典理论回顾 ... 011
- 2.2 国内外研究现状 ... 015
- 2.3 文献评述 ... 022
- 2.4 本章小结 ... 023

3 互联网的使用对农民工返乡创业影响的理论分析 ... 024
- 3.1 互联网的属性 ... 024
- 3.2 互联网的使用对创业的影响 ... 025
- 3.3 互联网的使用对农民工返乡创业的影响 ... 029
- 3.4 本章小结 ... 031

4 互联网的使用与农民工返乡创业的事实特征 ... 032
- 4.1 数据来源及样本数据选择 ... 032
- 4.2 样本农民工总体特征 ... 034
- 4.3 农民工互联网使用特征 ... 037
- 4.4 农民工返乡创业特征 ... 044
- 4.5 本章小结 ... 046
- 本章附录 返乡农民工互联网使用及其认知问卷 ... 048

5 互联网的使用对农民工返乡创业直接影响的实证检验 ········· 050
5.1 模型设定与数据说明 ······················· 050
5.2 实证结果 ·························· 052
5.3 进一步讨论 ························· 061
5.4 本章小结 ·························· 065

6 互联网的使用对农民工返乡创业间接影响的实证检验 ········· 067
6.1 基于社会资本的互联网使用对农民工返乡创业间接影响的实证检验 ··· 067
6.2 基于人力资本的互联网使用对农民工返乡创业间接影响的实证检验 ··· 071
6.3 基于金融资本的互联网使用对农民工返乡创业间接影响的实证检验 ··· 074
6.4 本章小结 ·························· 077

7 互联网的使用视域下农民工返乡创业案例分析 ············ 078
7.1 农民工返乡创业典型案例 ···················· 078
7.2 农民工返乡创业典型案例特征分析 ················ 085
7.3 本章小结 ·························· 087
本章附录 互联网的使用对农民工返乡创业影响研究 ·········· 089

8 互联网的使用助推农民工返乡创业支持体系构建 ··········· 093
8.1 农民工返乡创业支持政策梳理 ·················· 093
8.2 农民工返乡创业支持体系 ···················· 096
8.3 本章小结 ·························· 101
本章附录 关于提升江苏省农民工信息化能力的建议 ·········· 103

9 结论与展望 ····························· 106
9.1 研究结论 ·························· 106
9.2 研究展望 ·························· 108

参考文献 ······························ 110

附录 ································ 119
农民工返乡创业政策支持文件汇编 ·················· 119
国务院关于进一步做好新形势下就业创业工作的意见 ·········· 119

国务院办公厅关于支持农民工等人员返乡创业的意见 …………… 128
关于实施农民工等人员返乡创业培训五年行动计划(2016—2020年)的通知 ………………………………………………………………………… 135
国务院办公厅关于支持返乡下乡人员创业创新促进农村一二三产业融合发展的意见 ……………………………………………………………… 139
人力资源社会保障部 国家发展改革委等十五部门关于做好当前农民工就业创业工作的意见 ………………………………………………………… 144
江苏省政府办公厅关于支持农民工等人员返乡创业的实施意见 ………… 149
江苏省政府关于进一步加强为农民工服务工作的实施意见 …………… 155
江苏省政府办公厅关于支持农民工等人员返乡创业的实施意见 ………… 164
省政府办公厅关于支持返乡下乡人员创业创新促进农村一二三产业融合发展的实施意见 ……………………………………………………… 170
江苏省政府关于深入推进大众创业万众创新发展的实施意见 ………… 176

1 绪 论

本章作为全书的第 1 章,主要回答"为什么研究?""研究什么?"以及"怎么研究?"三个核心问题。本部分共分为 6 节内容。第一节阐述了研究背景与意义,即回答"为什么研究?";第二节确定研究目标与具体研究内容,即回答"研究什么?";第三节与第 4 节主要明确研究思路与研究方法,对核心概念进行了界定,即回答"怎么研究?";第五节阐述了本书可能存在的创新之处;第六节为本章小结。

◎ 1.1 研究背景与意义

1.1.1 研究背景

(1) 我国经济发展进入新常态

2014 年 11 月 9 日,习近平总书记在亚太经合组织(APEC)峰会上,向世界工商领袖们首次阐述了经济发展新常态的基本内涵以及如何适应新常态等重要观点。我国经济发展新常态主要表现为以下几个特征:首先,从经济增长速度来看,从高速增长转变为中高速增长,经济增速从过去的 10% 左右转变到 7%~8%;其次,从经济结构来看,产业结构、区域结构、收入结构以及消费结构不断优化升级,主要表现为:第三产业比重不断增加,东部、中部与西部地区以及城乡差距不断缩小,居民收入增加且结构不断优化,消费需求逐渐成为需求主体;最后,从经济发展驱动要素来看,从要素驱动转变为创新驱动。经济发展新常态的提出是党中央、国务院对我国经济发展阶段转变的科学概括,体现了对经济社会发展规律的揭示与遵循。

(2) "大众创业,万众创新"汇聚发展动力

2014 年 9 月 10 日,李克强总理首次在天津举办的达沃斯论坛开幕式上提出"大众创业,万众创新"口号。2015 年 3 月 5 日,李克强总理在《政府工作报告》中再次提出"双创"号召,这也正式标志着我国进入了"双创"时代。"双创"战略逐渐成为突破我国经济发展瓶颈的重要发展战略。在国内外经济发展环境"硬约束"不断趋紧的条件下,国际市场竞争压力日益加剧,通过"双创"进一步激活国内市场需求

成为必然选择。同时，借助"双创"开发新产品，提供新服务，不断满足国际市场的新需求。从国内经济情况来看，一方面，通过"双创"促进经济转型发展；另一方面，以"双创"为抓手全面深化改革，进一步增强经济体内生动力，进而促进体制与机制改革，激发经济发展活力与动力。可以看到，"双创"是以广大人民群众为主体，全力推动我国经济社会发展方式、发展路径以及发展动力的转变，形成经济社会发展的新形态。

（3）互联网快速发展的经济推动作用更为凸显

互联网作为20世纪最重要的发明之一，从90年代进入我国后，人们对互联网作用与功能的认识不断深化。在2000年，政府与学界对互联网的理解更多地停留在基础设施建设层面。但是，随着以互联网为核心的第四次工业革命的来临，我国有机会与以美国为代表的发达国家站在了同一起跑线上，同场竞技。目前，中国是世界规模第一的互联网市场。截至2021年6月，我国网民规模已经达到10.11亿，互联网普及率达到71.6%。其中，农村网民规模为2.97亿，占网民总体的29.4%。互联网的快速发展为我国带来了新的经济增长点，成为我国经济增长的新引擎，不断推动升级、重塑产业格局。互联网深刻影响到了与我们息息相关的教育、医疗、金融、交通以及娱乐等各个方面。互联网已成为国家级产业战略选择。

（4）农民工流动呈现出新特征

根据《农民工监测调查报告》（2016—2020），我国农民工总体规模及增速如图1-1所示。从2016年到2020年，农民工规模总体上呈现"先上升后下降"的变化趋势，增长速度整体上表现出下降的趋势，并且在2020年出现了负增长。

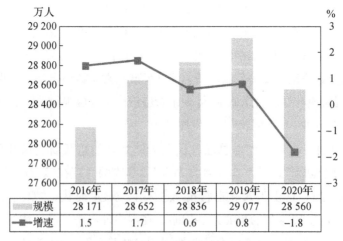

图1-1 我国农民工规模及增速

与2019年29 077万农民工相比,2020年农民工数量减少517万,农民工总数量为28 560万人。与此形成鲜明对比的是,统计数据显示:2020年全国以农民工为主体的各类返乡入乡创业创新人员达到1010万,同比增长19%[①]。"一减一增"充分反映出我国新时期农民工流动变化特征。在我国经济进入新常态阶段,国家大力倡导"大众创业,万众创新",积极打造经济转型升级新引擎,大力扶持掌握技术与技能的农民工返乡创业。

1.1.2 研究意义

(1)本研究基于传统的"个体特质论"与"外部环境论"创业影响分析范式,在经济学、管理学、心理学等相关理论框架下,厘清互联网的使用对农民工返乡创业影响的内在逻辑,探讨互联网的使用对农民工返乡创业的直接与间接影响的内在作用机理,进一步丰富了"互联网+农村"创业理论。

(2)本研究为我国经济发展进入新常态阶段,新农村建设与乡村振兴战略实施,全面贯彻落实"大众创业,万众创新"政策提供理论支撑。积极鼓励扶持农民工借助互联网"信息工具"与"技术工具"返乡开展创业活动,对促进当地经济健康可持续发展具有重要的应用价值。

(3)本研究是对互联网与农民工返乡创业内在关系的一次有益的探索与尝试,在一定程度上拓展了农民工创业的研究视野,这也为其他学者专家研究互联网与创业主题提供了借鉴和参考。

◎ 1.2 研究目标与内容

1.2.1 研究目标

本书主要探讨互联网的使用对农民工返乡创业影响的理论解释与实践路径,研究互联网对农民工返乡创业是否产生影响、影响的作用机制、效果以及如何更为有效地利用互联网扶持农民工返乡创业,助力乡村振兴与农民工自我价值实现。具体研究目标分别为:

---

① http://www.gov.cn/xinwen/2021-10/19/content_5643590.htm 中国政府网新闻

目标一：基于中国家庭追踪调查（CFPS）2018年数据与课题组田野调查访谈数据，明晰农民工使用互联网与返乡创业特征。

目标二：以传统的"个体特质论"与"外部环境论"创业分析范式为基础，引入互联网因素，构建互联网的使用对农民工返乡创业影响的理论分析框架，厘清互联网的使用与农民工返乡创业的内在逻辑关系。

目标三：明确互联网的使用对农民工返乡创业的直接与间接影响机理，构建计量经济模型，实证检验互联网的使用对农民工返乡创业的影响，明确直接与间接影响机制与路径。

目标四：构建互联网的使用助推农民工返乡创业的支持体系。

1.2.2 研究内容

本书研究具体分为9章内容，分别为：

第1章为绪论。主要内容是对本书研究背景与意义、研究目标与内容、研究思路与方法、相关重要概念以及可能存在的创新点进行了阐述。

第2章为文献综述。主要回顾了经典的推拉理论、需求层次理论与创业理论，进一步从农民工返乡创业基本内涵、现状与问题、动因与影响因素、作用与意义以及与互联网的关系等角度对现有文献进行梳理与总结。

第3章为互联网使用对农民工返乡创业影响的理论分析。主要内容是在阐述互联网属性的基础上，明确互联网的"信息工具"与"技术工具"的功能属性。一方面从识别创业机会、降低创业成本以及规避创业风险三个层面分析互联网使用对农民工返乡创业的直接影响；另一方面从积累社会资本、提升人力资本以及丰富金融资本三个层面探讨互联网的使用对农民工返乡创业的间接影响，并提出研究假设。

第4章为互联网的使用与农民工返乡创业的事实特征。主要内容是基于中国家庭追踪调查（CFPS）2018年数据，通过列联表等描述性统计分析方法，从样本农民工总体特征、农民工互联网使用特征以及农民工返乡创业特征等方面进行描述性统计分析，得到农民工返乡创业与互联网使用的现实状况。

第5章为互联网的使用对农民工返乡创业直接影响的实证检验。主要内容是使用中国家庭追踪调查（CFPS）2018年数据，构建计量模型，实证检验互联网的使用对农民工返乡创业的直接影响效果，验证第3章提出的研究假设。

第 6 章为互联网使用对农民工返乡创业间接影响的实证检验。主要内容同样是基于中国家庭追踪调查(CFPS)2018 年数据,实证检验互联网的使用对农民工返乡创业的间接影响效果,进一步验证理论研究假设。

第 7 章为互联网的使用视域下农民工返乡创业案例分析。主要内容是研究课题组在田野调查过程中,选择 10 个具有典型特征的农民工返乡创业案例进行深入研究,凝练总结一般性特征。

第 8 章为互联网的使用助推农民工返乡创业支持体系构建。主要内容是在对国家层面与江苏省省级层面支持农民工返乡创业政策分类梳理的基础上,提出互联网的使用支持农民工返乡创业的政策措施,形成建议稿。

第 9 章为结论与展望。

◎ 1.3 研究思路与研究方法

1.3.1 研究思路

本书研究始终坚持问题导向,按照"从实践中来,到实践中去",即"实践—理论—实践"的总体思路开展课题研究。首先,基于现有对农民工返乡创业研究文献、中国家庭追踪调查(CFPS)数据与课题组自主调研数据,梳理总结农民工返乡创业研究中存在的不足。其次,在全面了解掌握农民工返乡创业与互联网的使用特征的基础上,从互联网本质特征入手,在理论层面阐述互联网的使用对农民工返乡创业的直接与间接影响,进一步地建立计量经济模型实证检验互联网在农民工返乡创业过程中的作用效果。同时,使用案例分析法对课题组在田野调查中调研访问的 10 位农民工返乡创业个例进行分析,探析使用互联网条件下的农民工返乡创业特征。最后,根据本课题研究结论,结合已有研究成果,提出互联网支持农民工返乡创业的基本思路和政策支持体系。总体研究思路如图 1-2 所示。

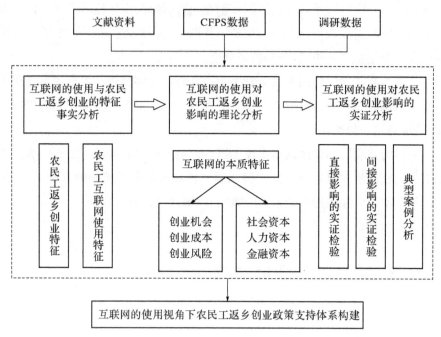

图 1-2 本书总体研究思路

1.3.2 研究方法

本书研究内容与研究方法关系如表 1-1 所示。

表 1-1 本书研究内容与研究方法

研究内容	主要研究方法
农民工返乡创业与互联网使用的事实特征	描述性统计分析：使用 CFPS2018 数据，主要采用列联表的方法对农民工返乡创业与互联网使用现状与特征进行统计分析
互联网的使用对农民工返乡创业影响的理论分析	理论推演：以传统"个体特质论"与"外部环境论"为基础，构建互联网对返乡农民工返乡创业直接与间接影响理论分析框架，探析互联网使用对农民工返乡创业影响的内在机理

续表 1-1

研究内容	主要研究方法
互联网的使用对农民工返乡创业影响的实证检验	经验研究：使用 CFPS2018 数据，使用 probit 模型、倾向值匹配（PSM）模型等计量分析方法，实证检验互联网的使用对农民工返乡创业的影响效果 田野调查分析：根据田野调查实施步骤，选择典型农村地区，编制问卷，深入样本农村地区对返乡农民工进行访谈。了解掌握互联网的使用与农民工返乡创业情况 案例分析：根据田野调查访谈情况，选择 10 个典型农民工返乡创业案例进行分析
互联网的使用支持农民工返乡创业政策体系设计	文献分析法：从国家与省级两个层面梳理农民工返乡创业相关政策文件，借鉴已有文件，设计互联网的使用支持农民工返乡创业的政策文件

◎ 1.4 相关概念界定

1.4.1 农民工

1984 年张雨林教授首次在《社会学通讯》上提出"农民工"一词，农民工是指离开农村到城市从事第二、三产业的农民。随后，"农民工"被普遍使用。在国务院文件中将农民工称为"农民合同制工人"。2004 年，温家宝总理正式在政府相关文件中使用"农民工"词汇。在政府文件中，"农民工"一词被广泛使用，但是，在学术界对农民工概念的理解还存在争议。李强认为农民工就是离开家乡进城谋生的农村劳动力。陆学艺从 4 个方面对农民工进行了界定：第一，拥有农村户籍；第二，从事非农职业；第三，被雇佣；第四，来自农村。2006 年，国务院研究室课题组认为农民工是指在农村拥有户籍和土地，以非农劳动与非农收入为主的劳动者。蒋谦则认为农民工是指年满 16 周岁，拥有农村户籍，具有到外地务工能力，从事非农产业劳动，并以此获得劳动报酬的人。可以看到，学者们基于不同的研究角度对农民工的概念给出了不同的界定与解释。

结合已有专家学者的研究，本书认为农民工应该具有以下几个本质特征：首先,从户籍来看,农民工拥有农村户口;其次,从职业来看,农民工主要从事非农产业,以工资为主要收入;最后,从工作地点来看,农民工是跨区域流动的农村劳动者,广义上加上县域范围内从事非农产业的农村劳动者。

1.4.2 互联网及其使用

互联网(Internet),又被称为因特网。互联网是20世纪60年代美苏冷战的产物,是基于TCP/IP协议集的多个网络联合体。最早起源于美国国防部高级研究计划管理局(ARPA)建立的一个名为ARPANET的小型网络,经过不断发展,逐步形成现代互联网格局。互联网主要由主干网与接入网两部分构成,需要指出的是,本书主要关注互联网的使用问题。

现有文献鲜有对互联网使用概念的界定,本书主要基于互联网的使用具体表现形式,从"信息"与"技术"两个方面对互联网使用概念进行界定。互联网使用一方面体现为信息的获取、传播、发布与交流,即互联网"信息"工具功能;另一方面体现为互联网"技术"工具功能,也就是作为学习、娱乐、购物、交流以及创业工具使用。在现实生活中,主要是电脑上网与手机上网两种形式。

1.4.3 农民工返乡创业

学者们对农民工返乡创业也进行了较为深入的研究。王西玉等认为农民工返乡创业是指改革开放时期,从农村进城从事非农产业6个月以上,之后又重新回到家乡的农民创办企业或者产业化经营农业的行为。杨沛则认为农民工返乡创业是政府行为,为减轻社会就业压力,提高就业率,有意识地引导农民工创办经营新企业或者个体工商业。魏冉研究后认为农民工返乡创业是农民工为满足市场需求,结合自身要素禀赋与政府支持政策,整合资源,追求利益最大化的一种行为。可以看到,农民工返乡创业主要表现出以下几个特征:第一,农民工具有外出务工经历;第二,国家优惠支持政策;第三,自身技术禀赋与比较优势,返乡从事餐饮、纺织服装、建筑装修、批发零售以及农产品加工等行业,主要以小微企业或者合作社形式出现。

农民工返乡创业具有一般创业的特征,同时也具有其特殊性。为此,本书将农民工返乡创业界定为:① 创业主体方面,拥有农村户口,具有外出务工经历且已返回家乡的农民工;② 创业时间方面,既包括返乡后立即创业,也包括返乡后经过一段时间的创业;③ 创业地点方面,多为农民工家乡,具体包括县、乡、镇与村;④ 创业形式方面,主要表现为从事非农领域的私营企业、个体工商户以及其他自雇工作。

1.5 本书可能的创新点

在研究过程中,本书在研究视角切入、研究方法选择以及研究数据使用等方面具有以下创新:

从研究视角来看,与现有农民工返乡创业研究文献不同,本研究重点关注了互联网的使用是否会对农民工返乡创业产生影响、如何影响农民工返乡创业以及影响效果如何。在对农民工返乡创业与互联网的使用现状进行分析的基础上,借鉴经典创业理论,构建了互联网使用对农民工返乡创业直接与间接影响理论分析框架,从创业机会、创业成本、创业风险以及社会成本、人力资本和金融资本等方面探讨互联网的使用对农民工返乡创业内在影响机理与路径。进一步地构建计量经济模型对互联网的使用对农民工返乡创业的影响效应进行实证检验,验证理论研究假设,并对10个典型农民工返乡创业案例进行了分析,最后提出互联网的使用支持农民工返乡创业的政策体系。

从研究方法来看,本研究综合使用了描述性统计分析法、计量经济分析法、案例分析法、田野调查访谈法以及文献分析法等多种研究方法,具体而言,使用描述性统计分析方法对农民工返乡创业与互联网使用特征进行了分析;使用probit模型、倾向值匹配(PSM)等计量分析方法实证检验互联网的使用对农民工返乡创业影响效应;使用田野调查访谈法与案例分析法对农民工返乡创业典型个例进行研究;文献分析法伴随课题全部研究过程,从研究课题选题到理论框架构建,再到计量模型选择、政策支持体系完善与发展,都离不开已有研究文献的支持。各种研究方法的综合使用,共同保证了课题研究的顺利开展。

从研究数据来看,本书综合使用中国家庭追踪调查(CFPS)数据与课题组田野调查访谈数据展开研究。中国家庭追踪调查(CFPS)是由北京大学和国家自然科学基金资助、北京大学中国社会科学调查中心执行的全国性、多学科的大型社会调查跟踪项目,具有权威性、客观性与较强的可信度。同时也使用了课题组利用暑假"三下乡"社会实践活动自行调研访谈的数据。本课题在研究数据使用方面,做到了中国家庭追踪调查(CFPS)数据的"面"与课题组田野调查数据的"点"有机结合,为更好地完成课题奠定了良好的数据基础。

◎1.6 本章小结

本章首先从我国经济发展进入新常态、"大众创业,万众创新"战略实施、互联网发展与农民工流动呈现新动态等方面阐述了研究互联网的使用对农民工返乡创业影响的背景与意义。随后,1.2节明确了本书研究的三个具体目标与九章具体内容安排。研究目标为:构建互联网的使用对农民工返乡创业影响的理论分析框架;明确互联网的使用对农民工返乡创业的直接与间接影响机理;提出互联网的使用支持农民工返乡创业的政策体系。在研究过程中,全书坚持以问题研究为导向,按照"实践—理论—实践"总体思路展开研究,综合运用统计分析法、计量分析法、案例分析法、田野调查分析法以及文献分析法等多种研究方法。为更好地研究本课题,1.5节对农民工、农民工返乡创业以及互联网及其使用等核心概念进行了界定。最后,1.6节列出了本书在研究视角、研究方法以及研究数据等方面可能存在的创新点。

2 文献综述

从20世纪80年代以来的"民工潮",到2004年开始的"民工荒",再到2008年与2015年的"返乡潮",我国农民大规模地跨区域流动越来越受到政府与学术界的关注。对于农民外出务工与返乡创业的研究,学者们站在不同的视角,采用不同的方法,得到不同的研究结论。本章首先回顾了人口流动与创业经典理论,进而对农民工返乡创业相关文献进行了综述。本章共分为4节内容:第一节回顾了经典的推拉理论、需求层次理论以及创业理论;第二节和第三节从农民工返乡创业的内涵与分类、现状与存在的问题、动因、影响因素、作用与意义以及与互联网使用的关系等角度对相关文献进行了综述,为本书研究打下坚实的文献基础;第四节为小结。

2.1 经典理论回顾

2.1.1 推拉理论

"推拉理论"最早起源于19世纪80年代英国学者雷文斯坦(E. G. Ravenstein)发表的文章《人口迁移之规律》。随后,经过巴格内(D. J. Bagne)、迈德尔(G. Mydal)、索瓦尼(Sovani)、贝斯(Base)以及李(E. S. Lee)等学者的不断补充与完善,逐渐成为研究包括农民工返乡问题在内的劳动力迁移动因的经典理论之一。"推拉理论"的核心观点为:影响迁移的基本因素主要包括"推力"和"拉力"。同时,还存在语言文化、距离远近以及迁移者的价值判断等中间阻碍因素。劳动力是否迁移最终取决于"推力""拉力""中间阻碍因素"三个因素的综合作用。需要特别指出的是,"推拉理论"的成立基于以下两个假设:一是迁移者为理性人;二是迁移者信息相对完全,也就是迁移者对迁入地与迁出地相关信息有所了解,通过权衡与比较,做出最终是否迁移的决策。

根据"推拉理论"的基本观点,农民工是否返乡主要取决于家乡与打工地的相互"拉力""推力""本人条件与价值判断"三个因素。在农民工自身与外部环境多种因素的共同影响下,在综合判断比较家乡与打工地收益与成本之后,做出理性选择。对部分返乡农民工的调研显示,打工环境较差,生活条件不高,生活成本高昂,不能享受到与打工地居民同等待遇的子女入学、医疗以及养老等社会保障是农民工在城市面临的主要问题,这成为农民工离开打工地城市的一种"推力"。与此同时,农民工的乡土情结,天然的家乡归属感,为建设好家乡做出自己贡献的良好愿望以及家乡投资创业环境的改善,这些都成为返乡创业的"拉力"。在城市打工给农民工所带来的资金、技术与管理工作经验进一步增强了自身能力,为返乡创业奠定坚实的基础。

从农民工返乡创业收益和成本来看,假定农民工返乡之前收益为 E_1,返乡创业预期收益为 E_2,预期总成本 C,那么,返乡创业后的预期净收益为 E_2-C-E_1。只有预期净收益 $E_2-C-E_1>0$ 时,农民工才会选择返乡创业。否则,当 $E_2-C-E_1<0$ 时就会放弃返乡创业并继续留在打工地工作。需要特别指出的是,收益与成本不仅仅指的是金钱,还包括在打工地与家乡"推力"和"拉力"的共同作用博弈下,农民工结合自身条件与价值,全面综合权衡包括自身心理与生理、外部社会环境在内的潜在收益与成本。

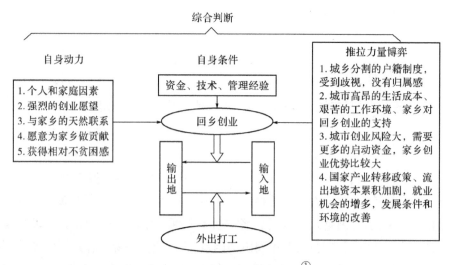

图2-1 农民工返乡创业决策模型[①]

2.1.2 需求层次理论

1943年,美国心理学家亚伯拉罕·哈罗德·马斯洛(Abraham Harold

---

① 韩俊.中国农民工战略问题研究[M].上海:上海远东出版社,2009.

Maslow)在其论文《人类动机理论》提出"需求层次理论",该理论是行为科学的重要理论之一。其核心观点为:需求有从低到高的层次之分,类似于金字塔,依次是生理需求、安全需求、归属需求、尊重需求以及自我实现需求。主要分为三个阶段,初级阶段包括生理需求与安全需求,中级阶段包括归属需求和尊重需求,高级阶段为自我实现需求,如图2-2所示。只有低层次需求得到满足后,才有能力与动力迈向更高层次需求。不同层次需求的满足程度决定了个体成长与发展。

农民工作为我国改革开放与经济建设中的特殊群体,为国家做出了巨大的特殊贡献。在全面建成小康社会背景下,农民工群体生理需求与安全需求得到满足,正在为获取更好的教育资源、更好的住房条件以及更高的社会地位等更高层次的需求而努力。然而,在我国城乡二元经济结构没有得到完全改善的条件下,打工者对于城市缺乏归属感,内心情感得不到满足,社交圈也仅仅局限在老乡与同事范围之内。同时,城市对打工者也存在着一定程度上的"看不起"与"瞧不上",对农民工特殊群体需求关注不足。对农民工打工者而言,为满足归属与尊重等更高层次的需求,回乡创业成为打工者的最佳选择。一方面,家乡是农民工的根,在家乡,农民工能够得到在城市打工地得不到的归属感、被尊重以及信心;另一方面,农民工在城市打拼多年,积累了资金,学会了技术,看清了市场,自然走向返乡创业之路,实现自我价值的满足。

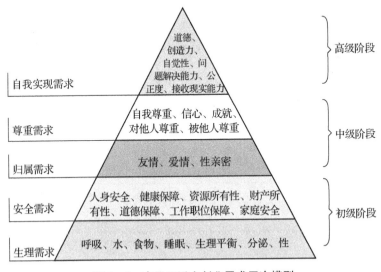

图2-2 农民工返乡创业需求层次模型

2.1.3 创业理论

对创业的研究始于18世纪中期。经过多年积累与沉淀,自20世纪80年代以来,创业研究呈现出大爆发的态势。来自管理学、经济学、法学、心理学、社会学、金融学、教育学以及公共政策学等各领域的专家学者对创业理论从不同角度进行研究,提出了对创业与创业者的见解与看法,取得了丰硕的成果。创业理论研究主要围绕创业是否需要建立新组织、是否承担风险、是否具有天赋以及创业研究是否成为独立的研究领域,即创业形式、创业者风险、创业者天赋以及创业研究的"身份"展开。八大创业理论代表人物及核心观点如表2-1所示。

表2-1 八大创业理论代表人物及核心观点

序号	创业理论	代表人物	核心观点
1	风险学派	Cantillon,奈特等	创业者是不确定问题的决策者,需要承担相应的价格变动等风险
2	领导学派	Jean-Baptiste Say 等	强调创业者在组织中的领导职能,研究创业活动与创业者
3	创新学派	熊彼特等	认为创业者就是创新者,创业就是实现生产要素的新组合。经济发展的根源在于创业活动
4	认知学派	Casson,Kirzner 等	主张从创业者的心理特征入手研究创业,强调主观因素对创业的影响
5	社会学派	Saxenian,Woodward 等	强调从外部社会视角研究创业行为,如社会环境与社会网络对创业的影响
6	管理学派	德鲁克等	强调创业是一种行为,不是个人性格特征;创业是一种可以组织并且需要组织的系统工作。同时,创业也是一种管理方法
7	战略学派	Bhide,Hitt 等	创业是初创企业或者现有企业成长过程中的战略管理过程
8	机会学派	Shane,Venkataraman 等	强调从"有利可图的机会"与"有进取心的个人"视角研究创业

注:转引自林强、姜彦福、张健《创业理论及其架构分析》。

2019年,蔡莉、于海晶、杨亚倩、卢珊等基于扎根理论方法,以创业机会研究为主线,系统回顾了国外主流创业研究文献,梳理分析创业理论与研究主题发展脉络及其适用性和局限性。梳理研究后发现:现有创业理论大多来自心理学、管理学、经济学、社会学以及创业学等学科,如表2-2所示。

表2-2 创业研究所使用的主要理论

序号	学科	相关理论
1	心理学	特质理论、动机理论、认知理论以及情绪理论等
2	管理学	资源依赖理论、组织学习理论以及资源基础观等
3	经济学	代理理论、制度经济学、期权理论以及交易成本理论等
4	社会学	社会网络理论、女权主义理论以及新制度主义等
5	创业学	机会观、创业拼凑以及手段导向等

注:转引自蔡莉、于海晶、杨亚倩、卢珊《创业理论回顾与展望》。

蔡莉等研究后认为,目前创业理论更多的是心理学、管理学、社会学以及经济学等多学科拼图,创业所独有的理论体系尚未形成,创业理论体系仍然处于起步阶段。同时,现有创业理论在解释创业机会特别是创造型创业机会时存在着不足与局限性。

◎ 2.2 国内外研究现状

2.2.1 农民工返乡创业的研究

目前,学术界对农民工返乡创业的研究成果颇为丰富,概括起来主要包括以下六个方面:农民创业的内涵与分类;农民工返乡创业现状、存在的问题与对策;农民工返乡创业动因;农民工返乡创业影响因素;农民工返乡创业的作用与意义以及与农民工返乡创业相关的其他研究主题。

1) 农民创业的内涵与分类

国外学者较为重视对创业环境的研究,更多地将创业划分为农村创业与城市创业,他们研究农村创业而不是研究农民创业。Henry认为创业环境是农村创业与城市创业的最大区别,创业者个人特征并无太大区别。国内对于农民创业内涵的认识,学术界并未形成一致性认识,不同学者站在不同角度对农民创业内涵给出不同的界定。2005年,赵西华基于对新型农民界定的视角,认为新型农民就是创业型农民,即具有创业能力,能够适应市场竞争,具备市场主体意义的农民。新型农民创业即为农民创业。2006年,吴昌华等把创业农民界定为识别和利用机会能力强的农民。郭军盈从组织视角对农民创业活动进行了界定,即依靠家庭组织或者新建一个企业组织,投入生产资本,开展生产经营活动。与郭军盈的界定相近,杨文兵也是基于组织的视角对农民创业进行了界定。罗明忠认为基于市场销售目的,从事个体经营、创办企业均属于农民创业范畴。由此可见,相对于国外的研究,国内学者的研究更加强调农民自身主体性与主观能动性。

对农民创业的分类如表2-3所示。

表2-3 农民创业分类

序号	分类内容	分类依据
1	生产型创业、加工型创业、营销型创业以及服务型创业	创业环节不同
2	个人创业和集体创业	创业主体不同
	资源开发型、自我创业型、集体创业型以及打工-创业型	创业形式不同
	创建新组织、不创建新组织	创业层次不同
3	打工农民回乡创业、失地农民创业、其他农民创业	创业原因不同
4	农业产业的龙头企业,第二、三产业的企业,农业经济合作组织的带头人	创业类型不同
5	生活为主型、实现理想型	创业目标不同

注:根据研究文献整理所得。

2) 农民工返乡创业现状、存在的问题及对策

为全面准确地了解掌握我国农民工返乡创业基本事实,学者们使用问卷调查与案例分析等方法,深入细致地分析了返乡农民工创业现状及存在的问题,提出对策建议。2002年,刘光明等对四川和安徽两省的4个县71位返乡农民工进行了分析,发现其外出务工的主要目的是实现经济效益最大化,而返乡创业农民工具有相对较高的文化水平,具有较强的开拓精神,兼具较强的经营管理能力与敏锐的信息

感知能力等特征。王西玉等则认为农民工返乡创业是外出务工的一种自然衍生行为。2004年,林斐以安徽省193个外出务工农民工作为研究样本,认为外出务工为返乡创业奠定了人力资本、社会资本以及技术与市场信息基础,返乡创业是一种理性选择。2007年,娄英英等研究后认为当前在观念与环境、技术与资金等方面存在障碍,需要通过创新创业教育、融资体制以及优化环境等制度创新推动创业。2008年,阳立高等以湖南省返乡农民工作为研究样本,发现农民工返乡创业在税费减免、劳动力成本以及硬件环境等方面比较优势不明显,应从税收优惠、财政投入与补贴、免费培训以及融资优惠等给予支持,促进农民工返乡创业。2009年,农民工返乡创业问题研究课题组在对我国安徽、河南等省100多个劳务输出示范县调研后发现以下特征:① 农民工返乡进程逐渐加快;② 具有一定文化素质与劳动技能的中年男性农民工是返乡创业的主力;③ 创业领域主要为与农业相关的非农产业,以个体和私营企业为主要形式;④ 创业地点一般选择与居住地邻近的城镇地区;⑤ 返乡创业存在着明显的东、中、西地区差异。2016年,韩宁等研究了少数民族地区农民工返乡创业现状与存在的问题。2019年徐向阳认为农民工返乡创业存在着资金缺乏、政策缺失以及素质不高的问题。2021年,李成佳分析了四川广安的12个农民工返乡创业项目,发现返乡创业方兴未艾,社会效益与经济效益日渐凸显,但同时也面临着资金匮乏、批地困难以及用工成本偏高的实际问题。2022年,彭英等对江苏农民工返乡创业现状进行了分析,发现返乡创业呈现出人数增加、年龄偏向年轻、文化程度有待提高、创业领域相对集中以及金融服务需求旺盛等特点,进而在管理制度体系、财政金融支持、创业环境与氛围以及培训体系4个层面提出对策建议。

3) 农民工返乡创业动因

农民工返乡创业的动因是什么?学者们对此进行了深入细致的研究与探讨。总体而言,学者们主要从内因、外因以及内外因结合视角展开分析。

金融资本与人力资本的提升是农民工返乡创业的重要内在原因。农民工在外出打工期间,掌握了一定的技术,同时拥有了一定的资金积累,为多余资金寻找出路,促使农民工返乡创业。人力资本与经济基础是影响农民工返乡创业的重要因素。另有部分学者基于农民工理性假设,认为农民工返乡创业是理性选择的结果。具体而言,农民工结合自身对城市与乡村的认知,综合考虑各方面因素,对打工收益与将来返乡创业的可能收益进行比较,在利益驱动下选择返乡创业。郭小珊认为湖南武陵山片区农民工返乡创业是由社会效益与经济效益共同驱动的结果。理性人假设是农民工返乡创业的内在驱动力。

从外部原因来看,政府政策的引导与支持也是促使农民工返乡创业的重要原因。李铜山等认为中央出台的多项惠农政策吸引了大批农民工返乡创业;王翌研究后认为政府政策效应促使农民工主动回归;杨家栋认为政府政策的激励措施改善了创业环境,促进了农民工回流创业。同时,外部经济环境变化也是农民工返乡的重要原因之一。牛永辉认为发生在2008年的全球性金融危机与2015年国家实施产业结构转型政策也是引起农民工返乡的重要原因。

在现实生活中,农民工返乡创业的原因是多方面的,也是复杂的。黄建新基于结构化理论分析农民工返乡创业的原因,认为返乡创业是农民工自身条件与国家政策相互作用的综合结果。张强同样认为农民工返乡创业是个人、家庭以及国家多种因素共同作用的结果。2018年,牛永辉从理论与现实两个层面分析了乡村振兴背景下农民工返乡创业的动因。理论层面解释为城市与乡村推力与拉力的共同作用,现实层面是个人渴望摆脱贫困,渴望美好生活与外部环境变化的综合结果。王一凡主要从城市融入障碍与创业资源丰富度两个角度分析了农民工返乡动因。城市融入障碍主要表现为社会融入障碍、经济融入障碍以及心理融入障碍。创业资源则主要表现在自然资源、人力资源和社会资源三个方面。2019年,曹宗平基于推拉理论分析农民工返乡创业的动因。

4) 农民工返乡创业影响因素

农民工返乡创业影响因素是学者们重点关注的研究领域。概括起来,对农民工返乡创业影响因素的研究主要从创业者个体特质、创业外部环境以及具体创业过程三个层面对返乡农民工创业展开研究。

(1) 个体特质对创业影响的研究

创业者特质论在创业研究中占有主导地位,学者们致力于挖掘创业行为选择的个体性关键因素。主要从基于人口统计学特征与心理学特征的年龄及婚姻状况、性别、受教育程度、个人心理特征以及意志及努力程度等与"新特质论"的社会资本与人力资本两个层面探讨个体特质对农民工创业行为的影响。

(2) 外部环境对创业影响的研究

在外部环境对创业影响的研究中,经济环境、制度环境以及社会文化环境受到学者们的广泛关注。一是从农村基础设施与经济发展水平等经济环境探讨外部环境对农民工创业行为的影响;二是制度环境,杨其静等学者对制度环境与创业行为选择的关系进行了深入研究;三是社会文化环境。

(3) 创业过程中创业选择的研究

在关注个体特质与外部环境对创业行为影响的同时,部分学者开始从返乡农民工创业行为本身即创业机会识别行为、创业决策行为以及资源动员与利用等环节研究创业行为选择问题。

5) 农民工返乡创业的作用与意义

对于农民工返乡创业的作用与意义,朱红根概括为四个方面,分别为:① 返乡农民工成为新农村建设的重要力量;② 返乡农民工创业为当地转移劳动力提供了门路;③ 返乡农民工带回了先进生产力,有利于带动农业生产向集约、高效模式发展;④ 有利于推动城镇化建设。农民工返乡创业为新农村建设提供人力资源保障,有利于优化配置农村现有资源,推动城乡协调发展,有助于农业产业结构进一步优化。

6) 与农民工返乡创业相关的其他研究主题

(1) 创业风险的研究

2009年,陈波研究后发现农民工保守程度与风险偏好程度对创业产生重要影响。2011年,郝继伟认为返乡创业农民工在创业不同阶段面临不同的风险,包括初始阶段的误受风险、误拒风险,实施阶段的融资风险、用人风险等。陈亚洲等建立了衡量农民工返乡创业风险的衡量指标体系,使用模糊评价法进行了评价。

(2) 创业培训的研究

创业培训在农民工返乡创业过程中发挥着重要作用,那么哪些因素会影响农民工培训意愿呢?这是学者们关注的重要问题之一。2008年,石火培等使用苏中地区数据,建立logit模型实证分析了培训对创业的影响问题。实证结果表明:本人学历对农民工是否参加培训产生重要影响。杨晓军等研究后发现农民工性别、年龄、受教育程度以及外出务工经历都不同程度地影响着培训意愿。2010年,吴易雄以湖南省24个县为研究样本,发现农民工创业培训前后在就业、收入等方面差异明显。2020年,宋立扬、王雨林、郑小强使用275份调研问卷数据,实证研究了返乡农民工参与创业培训的意愿及其影响因素,结果表明:超过八成返乡农民工有参与创业培训的意愿,影响因素主要包括培训是否能够解决实际问题,是否能够获得实践经验以及是否能够提升管理水平等方面。2021年,方鸣基于一手调研数据,采用DID和PSM-DID方法实证检验了创业培训对返乡农民工创业绩效的影响。实证结果表明:创业培训可以显著提升农民工返乡创业绩效。

（3）创业环境的研究

创业环境对于创业行为的发生起到"孵化器"的作用。学者专家主要围绕创业环境自身的构成与特征变化以及对农民工返乡创业的影响两个层面展开研究。一方面,对于创业环境构成与特征变化而言,一般认为返乡农民工创业环境由金融环境、社会环境、技术环境以及制度环境构成,共同促进农民工返乡创业。2011年,张斐对全国10省数据进行了分析,发现在总体上,创业环境明显改善,但是也存在信贷不规范、政府扶持单一等问题。罗竖元则认为农民工返乡创业环境包括服务环境、政策环境、市场环境以及保护环境。现阶段表现出政策型环境整体优于市场型环境。另一方面,在创业环境对返乡创业影响方面,2012年,吴磊、郑风田使用probit模型实证研究了创业环境对农民工返乡创业的影响,研究后发现:市场环境与政府环境显著影响农民工返乡创业的选择,而教育环境与融资环境对农民工返乡创业的影响不明显。2017年,王勇基于长三角与珠三角321位新生代农民工数据,实证研究了创业环境与创业倾向之间的关系。研究后发现:创业环境对新生代农民工创业倾向具有显著的正向影响。2019年,李贵成着眼于企业家精神培育,认为返乡农民工企业家既有一般企业家成长的特征,同时也有其特殊性,并进一步从创业环境、制度环境、文化环境、社会环境以及市场环境方面分析返乡农民工企业家精神培育的环境阻碍因素。2019年,张立新、段慧昱、戚晓妮使用因子分析、相关分析以及回归分析等方法实证研究了山东省临沂市创业环境对385位返乡农民工创业意愿的影响。结果表明:政策支持与创业氛围对曾经创业意愿、当前创业意愿以及长期创业意愿具有显著影响。

2.2.2　互联网与农民工返乡创业的研究

近年来,互联网发展日新月异,对社会各方面的影响日益凸显。互联网在一定程度上改变了企业生产方式与市场的组织形式,对创业活动产生了巨大的影响。互联网的迅速普及,一方面有助于广大农民及时获取国家政策与市场创业信息;另一方面使得广大农民可以使用互联网进行学习、社交与娱乐,提升自身人力资本与社会资本,寻找并发现潜在的发展机会。正如《乡村振兴战略规划(2018—2022)》所指出的那样,加强农业信息化建设,积极推进信息进村入户,夯实乡村信息化基础是加强农村基础设施建设的重要任务之一,这将非常有利于农民工返乡创业。学者们对互联网与农民工返乡创业的关系也进行了深入研究。

1) 基于电子商务的农民工返乡创业互联网使用研究

国外学者将互联网的出现视为一场技术革命,重点考察这项新技术对农村经济及企业所产生的影响。万宝瑞认为互联网已经成为引领"三农"发展的重要手段,对于解决小农户对接大市场及乡村物流体系建设等问题起到积极的作用。国家信息中心信息化研究部胡拥军研究后发现:返乡农民工挑起了农村电商的大梁。从事农村电子商务的返乡人员大幅增加。杨成宝、江芳、郭芳对"淘宝村"调研数据分析后发现返乡农民工电商创业具有以下特点:① 从店主基本情况来看,学历总体偏低,年龄分布不再局限在青年群体,中青年群体比例有所上升;② 从店铺经营情况来看,在经营过程中,店铺具有较强的风险意识,以钻石级信用为主,邻里效应与示范效应明显;③ 从产品基本情况来看,商品多为当地特色产品且主要为初级产品,销售模式以自产自销为主;④ 从企业经营情况来看,个体企业占主导地位,雇佣人数多在3人以上,客服岗位是急需岗位,工资构成主要是底薪加提成;⑤ 从物流服务来看,"最后一公里"配送问题依然存在,物流量小、物流成本高、距离中转站较远等因素制约着当地物流发展;⑥ 从政策掌握情况来看,大部分创业者没有参加过相关培训,对政策了解不多,非常需要政府政策支持。最后,从构建农民工人才培养体系、开拓产品销售市场、优化信用等级评价系统、完善物流体系以及加大宣传力度等方面提出建议。2017,蒋钰涵、赵丽玲、伊可心从企业成长视角研究了河北省返乡农民工电商发展问题,研究后发现:部分电商企业由于发展过快导致基础不稳,企业发展受外界阻碍情况较为复杂。2019年,蒲宝卿、程军锋以管理风险、财务风险、技术风险以及市场风险为指标,权重分别为22.7%、22.8%、12.2%以及42.3%,构建返乡农民工电商创业风险评估体系,以陇南农村电商为样本进行了评价,评价后发现:管理、资金和技术均面临较大的发展风险。2018年,谭慧敏以百色市特色农产品电子商务创业为例,从必要性与可行性两个层面分析了新生代农民工返乡创业培训扶持政策。2021年,何雅洁、张纬卿、戎钰从开展多形式、高频度的理念宣传,制定多层次、有针对性的农村电商培训课程以及结合农村居民兴趣点,融贯传统农业技术培训等方面构建返乡农民工电子商务技能培训体系。

2) 互联网的使用对农民工返乡创业影响的定量研究

从文献梳理情况来看,探讨互联网使用对农民工返乡创业影响的文献相对较少。已有少量文献主要研究了互联网使用对农村家庭、农民以及农民工创业的影响。2017年,周洋、华语音使用中国家庭追踪调查(CFPS)2014年数据实证分析了互联网的使用对农村家庭创业的影响。研究结果表明：互联网的使用对农村家庭创业有着显著的正向影响。相较于不使用互联网的农村家庭，使用互联网的农村家庭创业概率将上升3.83%。不仅如此，互联网的使用对农村家庭收入提高的作用同样显著。2019年，赵羚雅使用中国家庭追踪调查（CFPS）2016年数据研究了乡村振兴背景下互联网使用对农民创业的影响及机制问题。研究发现：互联网的使用对农民创业影响显著。从影响机制来看，互联网的使用影响农民创业的渠道为：信息渠道、社会资本以及风险偏好。同年，袁方、史清华使用全国农村固定跟踪观察点2009—2013年数据研究了互联网接入与返乡农民工创业之间的关系，研究后发现，返乡农民工创业意愿不高，创业比例仅为2.3%。社会资本与人力资本是互联网接入影响返乡农民工创业的两个重要渠道。2018年，杨学儒、邹宝玲采用一手调研数据，构建logit模型实证分析了新生代农民工互联网使用对创业机会识别的影响。结果表明：强连带社会资本与弱连带社会资本对创业机会识别的影响是不同的，强连带社会资本对新生代农民工模仿性创业机会识别影响显著，而弱连带社会资本对创新性创业机会识别影响明显。互联网的使用放大了社会资本对创业机会识别的促进作用。2019年，张剑、周小强、肖诗顺利用中国劳动力动态调查（CLDS）2016年数据分析了农民外出务工对创业的影响。研究后发现：与未外出务工的农民相比，具有外出务工经历的农民创业概率上升1.67%。主要通过社会资本、人力资本以及物质资本三个渠道影响创业。同时发现，互联网的使用与外出务工在一定程度上具有类似功能，存在替代效应。

2.3 文献评述

总体而言，国内外专家学者们对农民工返乡问题进行了广泛而深入的讨论与研究，取得了丰硕的研究成果。特别地，对互联网与农民工返乡创业等研究主题均有所涉及。从已有文献可以看到，目前关于互联网使用与农民工返乡创业研究呈现出以下几个特点：① 从研究对象来看，对农村家庭、农民以及农民工创业都有研究，现有文献对农民工创业研究关注依然相对不足；② 从研究内容来看，已有文献对互联网与农民工返乡创业关系的实证研究较多，理论研究相对较少且集中在诸如互联网对创业机会识别等某一方面的分析，缺乏统一系统的理论分析框架，有待于进一步深入探讨；③ 从研究方法来看，多数文献采用定量分析方法probit模型与logit模型研究互联网对农民工返乡创业影响问题，定性方法相对较少；④ 从使用的数据来看,主要包括一手调研数据与数据库数据,数据库数据包括中国家庭追踪调查(CFPS)、全国农村固定跟踪观察点以及中国劳动力动态调查(CLDS)数据,研究数据丰富多样;⑤从对策建议来看,政策措施关注点各有不同,各有侧重,缺乏系统性与规范性。

借鉴已有研究文献,本书以互联网工具属性为逻辑起点,从互联网作为"信息工具"与"技术工具"出发,以返乡农民工个体特征、外部环境以及创业过程为基础,构建互联网使用对农民工返乡创业直接与间接影响的统一理论分析框架,从创业机会识别、创业成本控制、创业风险规避以及个人资本提升、社会资本积累、要素禀赋差异等方面探讨互联网的使用对农民工返乡创业影响机制与路径。进一步使用中国家庭追踪调查(CFPS)2018年数据实证检验互联网的使用对农民工返乡创业的直接影响与间接影响效应。基于理论分析与实证检验,通过田野调查,选择8个具有典型代表性的返乡农民工创业案例,进行庖丁解牛式的深入分析,挖掘共性特征与个性特点,最后以"提升江苏省返乡农民工信息化能力建议"的形式提出政策建议。

◎ 2.4 本章小结

本章为研究互联网使用对农民工返乡创业影响提供了文献支撑与学理支持。首先,回顾了代表性经典理论,分别是:解释人口流动的"推拉理论",反映人类内在需求的需求层次理论,创业理论中的风险学派、领导学派、创新学派、认知学派、社会学派、管理学派、战略学派与机会学派以及心理学、管理学、经济学、社会学等学科相关理论;其次,从农民工返乡创业及其与互联网的关系两个层面对已有文献进行了梳理总结,从研究对象、研究内容、研究方法、研究数据以及政策建议五个方面阐述现有研究文献的特点,有助于本书研究进一步厘清思路,明确研究目标,确定研究重点与难点以及发现可能存在的困难。

3 互联网的使用对农民工返乡创业影响的理论分析

自 20 世纪 90 年代开始,互联网的逐渐普及与广泛使用深刻地影响并改变着人们的生产生活方式。创业作为一种选择,更是一种决策,不可避免地会受到互联网的影响。互联网如何影响创业?影响机制与路径是什么?内在逻辑又是什么?这些是本章要回答的主要问题。

具体而言,以互联网属性研究作为起点,探讨互联网本质属性特征。本书认为互联网具有"信息工具"与"技术工具"的属性,工具性是互联网的本质。作为"信息工具"与"技术工具"的互联网被广泛运用于各个行业。互联网"信息工具"为人们提供了极为丰富的信息资源,拓宽了信息获取与沟通渠道,加快了信息交流与传播速度。同时,互联网"技术工具"为人们提供了认识世界与改变世界的新方法与新手段,使得人们对学习、工作和娱乐有了新的尝试与体验。在创业过程中,互联网"信息工具"与"技术工具"对创业机会识别、创业成本控制以及创业风险规避产生影响,进而直接影响农民工返乡创业。同时对潜在创业者社会资本、人力资本、金融资本产生影响,从而对农民工返乡创业产生间接影响。

本章从理论层面分析了互联网的使用对创业的影响,为后文的实证研究奠定理论基础。共分为 4 节内容:第一节在总结梳理已有关于互联网属性研究文献的基础上,简要阐述了互联网"信息工具"与"技术工具"的属性;第二节主要从直接影响与间接影响两个层面对互联网使用如何影响创业进行阐释,探析影响机制与路径;第三节在第二节框架下分析互联网的使用对农民工返乡创业的影响机制与路径;第四节为本章小结。

◎ 3.1 互联网的属性

互联网是以计算机作为终端,按照通信协议(TCP/IP)连接而成的网络。最早被应用于军事领域,后转为民用领域。经过50余年的发展,互联网的使用基本普及。然而,面对全球化的互联网,人们经常提出的问题是:"互联网的本质是什么?具有哪些属性?"。对于互联网本质属性的认识,学界、政界与商界等专家学者并未形成一致性认识。2014年,曹军波研究后发现,互联网是一个趋近于无尽连接的网络,不断推动技术与信息革命,正在从计算机终端互联转向移动终端互联阶段。2017年,徐仲伟认为互联网的本质是其社会现实性。2021年,喻国明与李彪则认为互联网平台是新型传播生态中的革命再造。在理论界深入研究互联网本质属性的同时,互联网业界也有自己对互联网本质及属性的认识。随着互联网技术的不断升级,互联网呈现出越来越大的商业价值。专家学者们或站在理论层面,或站在实践层面,对互联网本质及其属性阐述了各自的观点,对本书进一步深入理解互联网本质及其属性提供了有益的借鉴与思考。

根据现有研究文献,专家学者们对互联网及其属性的认识是沿着"信息"与"技术"两个角度展开,在一定程度上反映了对互联网认识的一致性。本书认为,相对于人类主观能动性而言,互联网最突出的本质是工具属性。具体而言,主要表现为"信息工具"与"技术工具"属性。一方面,互联网使得信息资源更加丰富多样,更有助于信息获取与整理、信息加工与传递以及信息利用与整合;另一方面,互联网代表着先进技术,在推动传统产业改造升级的同时,创造了新型产业形态,互联网技术的使用是社会经济发展与进步的主要推动力之一。

◎ 3.2 互联网的使用对创业的影响

基于3.1节对互联网"信息工具"与"技术工具"属性的认识,本节内容主要从互联网的使用对创业的直接影响与间接影响两个层面构建理论分析框架。作为"信息工具"与"技术工具"的互联网,在使用过程中主要通过创业机会、创业成本与创业风险的直接影响方式以及社会资本、人力资本与金融资本的间接影响方式影响着潜在创业者的创业选择。理论分析框架如图3-1所示。

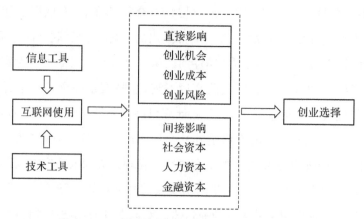

图 3-1 互联网使用对创业影响的理论分析框架

3.2.1 互联网的使用对创业的直接影响

1) 对创业机会的影响

如今人们已经生活在一个信息大爆炸的时代,互联网作为重要的信息载体工具,能够为人们提供更为丰富、更为及时、更有价值的信息资源。早在1987年,Johnson 和 Kuehn 认为潜在创业者需要经济信息、政策信息、市场信息、增长潜力信息以及技术信息五类外部信息。信息具体内容如表3-1所示。然而,信息在不同的市场参与者之间不是均匀分布的,不均衡的市场状态使得潜在创业成为可能。在产品市场上,创业机会孕育于新技术新发明而产生的信息不对称而导致市场低效率以及资源相对成本与收益的变动。信息直接影响创业者创业机会的开发与利用。一般而言,相较于不使用互联网的个人,使用互联网获取相关信息的人成为潜在创业者的可能性更大。

表 3-1 创业者所需要的五类外部信息

信息种类	具体内容
经济信息	通货膨胀率、利率、失业率、原材料价格、营业成本等
政策信息	税收、交通、环境、消费以及产品安全等
市场信息	竞争产品、潜在竞争者、并购、规模与潜力以及人口学统计信息等
增长潜力信息	投资回报、企业并购、规模经济、营业场所可得性和成本等
技术信息	现有产品改进、资本设备更新以及新产品或者新服务可得性等

互联网是新技术的代表。2000年,Shane指出新技术能够打破原有均衡,带来新的市场、产品、生产方式和组织方式。互联网在一定程度上改变了原有生产方式与组织方式。一方面,在原有的传统市场中,互联网技术工具以新的方式满足消费者需求,以淘宝、京东、苏宁易购、拼多多等为代表的电子商务平台最为典型,原有的线下交易转至线上,进而衍生出以顺丰、中通、圆通以及韵达为代表的快递产业,为许多创业者提供了创业机会;另一方面,互联网技术直接催生出在线教育、在线医疗、在线游戏、在线打车以及在线点餐等新行业与新市场,激发了消费者新的消费需求,更为广大创业者提供了广阔的展示空间。

2)对创业成本的影响

互联网的使用,降低了企业的进入成本与交易成本。一方面,互联网加速了信息的流动,创业者使用互联网,就可以以相对较低的成本获得所需要的信息。2004年,Freund和Weinhold研究后发现,互联网降低了企业进入新市场的成本。根据Kerrigan和Keating的研究,互联网可以使美国一个独立创业者启动成本降低大约16 550美元。另一方面,互联网使用降低了企业的交易成本。交易成本理论表明:资产专用性、信息不对称以及机会主义行为是交易成本的主要三个来源。2003年,Afuah认为互联网可以在以下三个方面降低交易成本。首先,互联网可以将资产及其潜在使用价值信息低成本地传递给更多的潜在使用者,减少资产的专用性;其次,互联网可以在一定程度上缓解信息不对称问题,市场参与者可以以较低的成本获取交易相关信息;再次,互联网使得信息更加透明,更容易获得,潜在交易者的信息更容易获取,降低了监督与执行成本,导致机会主义的潜在收益有所减少;最后,互联网技术的使用使得竞争性增强,加剧的竞争导致产业链上下游企业商品价格的变化,成本随之受到影响。可以看到,在互联网不断普及与广泛使用条件下,创业成本逐渐降低。

3)对创业风险的影响

正如前文所述,互联网为人们提供了丰富的信息资源,有助于潜在创业者对创业机会的识别与挖掘,他们可以动态获取并掌握相关信息,对创业领域、创业项目以及创业方式及时做出调整,降低起始创业风险。同时,对于正在进行创业的创业者,可以根据外部信息变化,适时调整企业经营战略、经营思路、业务领域以及合作伙伴,进而降低经营过程中的风险。

作为"技术工具"的互联网,对创业风险也会产生影响。一方面,互联网工具的使用让商务活动变得更加数字化,使得资本密集化程度降低,对成本产生影响,进而影响到创业风险;另一方面,互联网的使用改变了原有市场形态,减少信息不对称,提高了市场效率。另外,借助互联网技术工具,扩大了市场交易规模,优化了市场资源配置,市场交易效率得到了改变,从而影响到创业风险。

3.2.2 互联网使用对创业的间接影响

1) 社会资本的中介影响

一般认为,社会资本是指创业者在创业过程中所产生并形成的个人关系网络。在互联网普及率不断提高的背景下,社会资本的形式与范围呈现出多元化、扩大化以及快速化等特征。互联网为潜在创业者提供了方便快捷的信息沟通工具与交流渠道,既巩固了原有熟人社会的已有关系,又建立了虚拟社区网络新联系,且成本低廉,能够提升潜在创业者的社会资本。微信、QQ等互联网即时通信工具的广泛使用使得潜在创业者足不出户就可以维护原有熟人关系,同时建立新关系,使得社会资本越来越丰富。潜在创业者社会资本能够促进创业机会的识别。互联网的使用影响潜在创业者社会资本,进而影响其创业选择。互联网的使用、社会资本与创业选择的关系影响路径如图3-2所示。

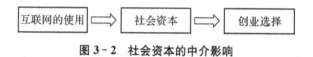

图3-2 社会资本的中介影响

2) 人力资本的中介影响

互联网使用有助于人力资本提升,进而影响创业。作为信息工具的互联网有助于信息发布与传播,为潜在创业者获取新技术与新技能信息提供了全新路径,感知大数据、智能化等新技术与新技能带来的变化,实现对原有知识的更新,提升了自身人力资本。同时,作为技术工具的互联网有助于潜在创业者学习创业所需要的知识,线上培训与直播已经成为潜在创业者获取知识的重要工具。潜在创业者人力资本越高,越有可能做出正确的决策与行动。互联网使用、人力资本与创业选择的关系如图3-3所示。

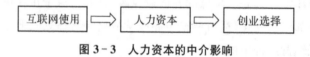

图3-3 人力资本的中介影响

3) 金融资本的中介影响

资金在创业过程中扮演着重要角色,往往直接影响着创业的成败。2004年,Hurst和Lusardi研究后指出制约创业成功的一个重要因素是缺少资金。融资难始终是摆在创业者面前永恒的难题之一。然而,以互联网为媒介的互联网金融快速发展,在一定程度上缓解了创业者融资难问题。一方面,互联网作为信息工具,为潜在创业者及时迅速地提供资金的供给与需求信息;另一方面,互联网资金借贷工具作用也日渐突出,如"蚂蚁花呗""京东白条"以及"易付宝"等互联网金融产品。可见,互联网金融的广泛使用一定程度上满足了潜在创业者的资金需求,为创业活动的开展提供了条件。互联网的使用、金融资本与创业选择的关系如图3-4所示。

图3-4 金融资本的中介影响

◎ 3.3 互联网的使用对农民工返乡创业的影响

本章3.2节较为全面地论述了互联网的使用对潜在创业者的直接与间接影响。返乡农民工作为潜在创业者的重要组成部分之一,前文分析结论同样适用于返乡农民工群体。

3.3.1 互联网的使用对农民工返乡创业的直接影响

从互联网的信息工具属性来看,互联网为农民工提供经济发展、政策支持以及市场变化等各类信息资源,有助于潜在的返乡农民工识别并把握创业机会。返乡农民工在互联网使用过程中,能够以相对较低的成本获取创业相关信息,互联网降低了返乡农民工的信息成本。同时,互联网加速了信息流动,市场信息更加透明,一定程度上消除了返乡农民工创业过程中的信息不对称问题,从而降低了返乡农民工的创业风险。从互联网的技术工具属性来看,基于互联网技术的传统农业产业升级改造与农村新产业新市场都为返乡农民工提供了创业机会。比如农村物流、农村电商等领域。农业电子商务能够让"小农户"更容易地对接"大市场"。互联网技术的使用有助于返乡农民工对创业项目与生产经营过程做出及时调整。2000年,Poole和Frece研究后发现,在非洲马拉维共和国,互联网极大地改善了农民创业的内部运营、商业管理与外部市场。可以看到，互联网技术的使用有助于降低创业成本与创业风险。由此可见，互联网的使用为返乡农民工的创业机会识别、创业成本控制以及创业风险规避提供了有效手段，使得返乡农民工创业成为可能。基于以上分析，提出以下假设：互联网使用能够直接影响农民工返乡创业，提升农民工返乡创业概率。

3.3.2　互联网的使用对农民工返乡创业的间接影响

1）基于社会资本的互联网使用对农民工返乡创业的间接影响

互联网的使用影响返乡农民工社会资本，进而影响其创业决策。2017年，马俊龙、宁光杰认为互联网的使用能够为农村劳动力提供更为便捷迅速的沟通渠道，信息传递更为通畅，可以有效提升农村劳动力社会资本。在我国，创业离不开家庭、亲戚与朋友的支持，互联网使用可以有效地实现与他人沟通，使得家族关系更为密切与稳固。社会资本对创业信息获取与创业机会发现具有重要作用。根据以上具体分析，提出以下假设：社会资本对互联网使用与农民工返乡创业的关系起到中介作用。

2）基于人力资本的互联网使用对农民工返乡创业的间接影响

学者们广泛地认为人力资本对农民工创业产生重要影响。2007年，冯长福认为互联网能够发挥其信息工具功能，通过信息传递，农民工获取新技术与新技能，提升人力资本。同时，基于互联网对新知识的感知同样能够激发农民工主观能动性而主动提升自我。人力资本提升有助于农民工创业。薄弱的人力资本是阻碍农民工创业的重要因素之一。2015年，谭华清等研究表明：受教育年限对创业选择产生重要影响。结合上述分析，提出以下假设：人力资本对互联网的使用与农民工返乡创业的关系起到中介作用。

3）基于金融资本的互联网使用对农民工返乡创业的间接影响

正如在3.2.2小节所阐述的那样，互联网的使用有助于潜在农民工创业者更为及时地获得资金供求信息，同时也有助于农民工利用互联网金融产品获得创业所需要的资金，从而改变农民工财富水平。财富水平与个人创业决策密切相关，家庭财富越多则意味着资金基础越雄厚，创业成功的概率越高。根据上述分析，提出以下假设：金融资本对互联网的使用与农民工返乡创业的关系起到中介作用。

结合本节的分析，本书研究假设模型如图3-5所示。

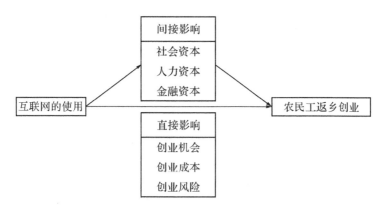

图3-5 互联网的使用对农民工返乡创业影响的研究假设模型

◎ 3.4 本章小结

本章从分析互联网本质及其属性入手,全面剖析互联网作为"信息工具"与"技术工具"的属性特征,在互联网的使用对创业直接与间接影响框架下,阐释互联网的使用对农民工返乡创业的影响机制与路径。互联网"信息工具"使得信息资源更加丰富,信息获取与交流渠道更加趋于多元化,信息传播速度更加迅速。同时,互联网"技术工具"也在一定程度上改变了人们认识世界与改变世界的方法与手段,在打破原有平衡的基础上,新产品、新服务、新产业以及新模式不断涌现。互联网"信息工具"与"技术工具"的使用有助于创业机会识别、创业成本分摊与控制以及创业风险规避,进而直接影响农民工返乡创业。与此同时,通过对潜在创业者社会资本、人力资本、金融资本的影响,进而对农民工返乡创业产生了间接影响。

4 互联网的使用与农民工返乡创业的事实特征

本章在第 3 章对互联网的使用与农民工返乡创业理论分析的基础上,使用中国家庭追踪调查(CFPS)2018 年基础数据,以"农民工""返乡""创业""互联网的使用"四个关键词为标准,经过数据筛选与整理,得到本书研究所使用的样本数据集,数据集样本个体为 831 个。基于此样本数据集,全面深入分析农民工返乡创业与互联网使用现状与特征。本部分共分为 5 节内容:第一节简要介绍了数据来源及样本数据选择相关情况;第二节分别从地域分布、性别与年龄、文化程度、政治面貌与宗教信仰以及婚姻与家庭规模等方面分析样本数据集农民工总体情况;第三节与第四节分别分析了农民工使用互联网与返乡创业基本情况;第五节为本章小节。

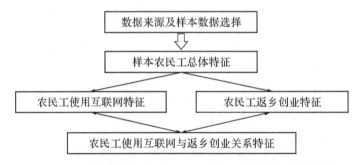

图 4-1 互联网的使用与农民工返乡创业事实特征分析步骤

◎ 4.1 数据来源及样本数据选择

4.1.1 数据来源

本书所使用的数据来源于由北京大学和国家自然科学基金资助、北京大学中国社会科学调查中心执行的中国家庭追踪调查。该项调查正式起始于 2010 年,主要从社区、家庭以及个人三个层面,通过社区、家庭、成人与少儿四种问卷,对反映我国经济社会发展的经济活动、人口迁移、生命与健康、家庭动态与变迁等主题数据进行跟踪、收集和整理,是一项大规模、多学科的全国性社会调查跟踪项目。

目前,CFPS2018公布数据显示,该调查项目已经覆盖27个省、直辖市与自治区(包括北京市、天津市、河北省、山西省、辽宁省、吉林省、黑龙江省、上海市、江苏省、浙江省、安徽省、福建省、江西省、山东省、河南省、湖北省、湖南省、广东省、广西壮族自治区、海南省、重庆市、四川省、贵州省、云南省、陕西省、甘肃省以及新疆维吾尔自治区),样本规模为16 000户。本书主要使用CFPS2018家庭经济问卷数据(cfps2018famecon_202101)与成人自答问卷数据(cfps2018person_202012)。

4.1.2 样本数据选择

本书主要研究互联网对农民工返乡创业的影响,在对CFPS2018数据筛选过程中,首要任务是对返乡农民工样本的甄选。根据本书1.4.3小节对农民工返乡创业的界定,农民工返乡创业须满足三个条件:一是指户口在农村地区且具有曾经离开家乡外出务工的经历;二是目前已返乡在家乡农村地区工作;三是从事私营企业与个体工商户等自主创业工作。基于对农民工返乡创业的认识与界定,样本数据选择主要分为以下三步。

首先,"农民工"的筛选。(1)在网站 https://opendata.pku.edu.cn/获取CFPS2018家庭经济问卷原始数据(cfps2018famecon_202101),保留农村家庭样本数据,删除城市家庭样本数据;(2)根据问卷问题(F0202)"过去12个月,您家哪些人外出打工(如去城市打工)挣钱?"[①]确定农村家庭外出打工人员名单,删除重复数据与不适用数据;(3)将经过数据清洗的CFPS2018家庭经济问卷数据与成人自答问卷数据(cfps2018person_202012)以受访对象编号(pid)为索引合并,删除非农业户口个体数据,保留农业户口个体数据,得到既包括性别、年龄、婚姻状况、健康情况、是否是中共党员以及宗教信仰等个人信息,又包括其家庭规模、总资产与净资产以及家庭经济往来等家庭信息的农民工数据。

其次,"返乡"的识别。根据本书研究目的,需要以第一步得到的农民工数据为基础,进一步识别"返乡农民工"个体,即确认农民工是否已"返乡"。方法是:以农民工受访时主要工作的工作地点为依据,具体甄别农民工是否已"返乡"。问卷问题(QG301)为"当前主要工作的地点是?"[②],问题回答选项包括:(1)当前居住村/

---

① CFPS2018家庭经济问卷问题。
② CFPS2018成人自答问卷问题。

居;(2)当前居住乡/镇/街道的其他村/居;(3)当前居住县/市的其他乡/镇/街道;(4)当前居住市/区的其他县/市;(5)当前居住省份的其他市/区;(6)境内的其他省份。本书将农民工受访时关于"工作地点"问题回答为前三个选项即当前居住村/居、当前居住乡/镇/街道的其他村/居以及当前居住县/市的其他乡/镇/街道的个体确认为已"返乡"农民工,进而得到返乡农民工数据。

最后,"创业"的认定。根据返乡农民工数据中有关"当前主要工作"类型的问题,即(QG1)"这份工作是为自己/自家干活还是受雇于他人/他家/组织/单位/公司?"①、(QG101)"这份工作是农业工作还是非农工作"两个问题,如果受访农民工回答该份工作是为自己/自家干活且属于非农工作,也就是从事私营企业/个体工商户/其他自雇工作,将其界定为返乡农民工进行自主创业。

4.2 样本农民工总体特征

4.2.1 地域分布特征

从样本农民工地域分布来看,东部地区、中部地区与西部地区样本数量分别为283、247和301,占比分别为34.06%、29.72%和36.22%。在样本数据集中的东部地区、中部地区以及西部地区样本个体分布较为均衡,如表4-1所示:

表4-1 样本农民工地域分布情况

地域	样本数量	占比/%	累计/%
东部地区	283	34.06	34.06
中部地区	247	29.72	63.78
西部地区	301	36.22	100
合计	831	100	—

注:根据样本数据统计所得。

---

① CFPS2018成人自答问卷问题。

4.2.2 性别与年龄特征

从农民工性别分布来看,样本数据中男性农民工与女性农民工人数分别为675人与156人,占比分别为81.23%与18.77%;从农民工年龄分布来看,新生代农民工(1980年及以后出生,本书中指40岁及以下)人数为440人(男性355人,女性85人),占比52.95%;从具体年龄段来看,31岁至40岁与41岁至50岁两个年龄段样本农民工个体较多,分别为232人与233人,合计占比达到55.96%。样本农民工性别与年龄情况如表4-2所示。

表4-2 样本农民工性别与年龄情况

年龄/岁	$16<X\leqslant20$	$21\leqslant X\leqslant30$	$31\leqslant X\leqslant40$	$41\leqslant X\leqslant50$	$51\leqslant X\leqslant60$	>60	合计
男/人	16	147	192	184	100	36	675
女/人	5	40	40	49	21	1	156
合计/人	21	187	232	233	121	37	831

注:根据样本数据统计所得。

4.2.3 文化程度特征

如表4-3所示,样本中文盲或者半文盲农民工数量为95人,占比11.43%;具有初中文化程度农民工数量最多,达到356人,占比42.84%;具有小学文化程度的农民工也超过了200人;具有高中及中专、技校、职高文化程度的农民工120人,占比14.44%;接受过高等教育,也就是具有大专以上学历的56人,占比6.74%,其中具有硕士学历的1人。

表4-3 样本农民工文化程度分布情况

	人数	占比/%	累计/%
文盲/半文盲	95	11.43	11.43
小学	204	24.55	35.98
初中	356	42.84	78.82
高中/中专/技校/职高	120	14.44	93.26
大专	44	5.30	98.56
大学本科	11	1.32	99.88
硕士	1	0.12	100
合计	831	100	—

注:根据样本数据统计所得。

4.2.4 政治面貌与宗教信仰特征

表4-4列出了样本农民工政治面貌情况,从表中可以看到,只有12人是中共党员,占比仅为1.44%,更多的农民工是非党员身份。

表4-4 样本农民工政治面貌情况

是否是中共党员	人数	占比/%	累计/%
是	12	1.44	1.44
否	819	98.56	100
合计	831	100	—

注:根据样本数据统计所得。

同样,加入宗教信仰团体的农民工18人,占比仅为2.17%。绝大部分农民工(97.83%)没有加入宗教信仰团体,具体情况如表4-5所示。

表4-5 样本农民工宗教信仰情况

是否是宗教信仰团体成员	人数	占比/%	累计/%
是	18	2.17	2.17
否	813	97.83	100
合计	831	100	—

注:根据样本数据统计所得。

4.2.5 婚姻与家庭规模特征

从样本农民工婚姻状况来看,79.54%的样本农民工处于已婚状态,20.46%样本农民工处于单身状态,如表4-6所示。

表4-6 样本农民工婚姻状况

婚姻状况	人数	占比/%	累计/%
单身	170	20.46	20.46
已婚	661	79.54	100
合计	831	100	—

注:根据样本数据统计所得。

从农民工家庭规模来看,191位农民工家庭成员为4人,占比22.98%。家庭成员是5人或者小于3人的农民工分别为146人和143人,占比分别为17.57%与17.21%。家庭成员人数为3人和6人的农民工分别为136人和127人,占比分别为16.37%与15.28%。可以看到,农民工家庭成员数在4人至6人之间的家庭最多,占比合计达到55.84%。具体情况如表4-7所示。

表4-7 样本农民工家庭规模情况

家庭规模	人数	占比/%	累计/%
小于3人	143	17.21	17.21
3人	136	16.37	33.58
4人	191	22.98	56.56
5人	146	17.57	74.13
6人	127	15.28	89.41
7人	50	6.02	95.43
8人	20	2.40	97.83
大于8人	18	2.17	100
合计	831	100	—

注:根据样本数据统计所得。

◎ 4.3 农民工互联网使用特征

4.3.1 电脑上网特征

总体来看,样本数据中20.70%的农民工,也就是172位农民工使用电脑上网,近八成农民工没有使用电脑上网,如表4-8所示。

表4-8 样本农民工使用电脑上网情况

是否使用电脑上网	人数	占比/%	累计/%
否	659	79.30	79.30
是	172	20.70	100
合计	831	100	—

注:根据样本数据统计所得。

从农民工电脑上网性别特征来看,在使用电脑上网人数的绝对数量上,男性样本个体数量(143人)明显高于女性样本个体数量(29人),在使用电脑上网人数相对占比(以男性农民工为例:男性农民工使用电脑上网人数相对占比=男性农民工使用电脑上网人数/男性农民工样本总人数)的相对数量上,男性农民工样本个体比例(21.19%)高出女性农民工样本个体比例(18.59%)2.6个百分点。

从农民工电脑上网年龄特征来看,在绝对数量方面,相较于老一代农民工,新生代农民工(40岁及以下)使用电脑上网的人数明显增多。其中,介于21岁至30岁之间的样本个体使用电脑上网的人数为85人,介于31岁至40岁之间使用电脑上网的人数为53人。超过40岁的老一代农民工使用电脑上网的人数仅为27人。在相对数量方面,介于21岁至30岁之间样本个体占比最高,比例为45.45%,之后依次为介于16岁至20岁之间的比例为33.3%,介于31岁至40岁之间的比例为22.94%,介于41岁至50岁之间的比例为8.15%,介于51岁至60岁之间的比例为6.61%。

从农民工电脑上网学历特征来看,一方面在绝对数量上,具有初中学历的样本个体使用电脑上网的人数最多,数量为67人,其次是具有高中/中专/技校/职高学历的样本个体,使用电脑上网人数为49人,然后具有大专学历人数为30人;另一方面在相对数量上,呈现出学历越高,使用电脑上网所占比例越高的特征。如表4-9所示,从文盲/半文盲到小学、初中、高中/中专/技校/职高,再到大专、大学本科与硕士,各子样本内使用电脑上网比例由2.11%上升到6.37%、18.82%、40.83%,再上升到68.18%、90.91%、100%。

表4-9 样本农民工使用电脑上网特征

项目		使用电脑上网		不使用电脑上网	
		人数	占比/%	人数	占比/%
性别	男	143	17.21	532	64.02
	女	29	3.49	127	15.28
年龄/岁	$16 < X \leqslant 20$	7	0.84	14	1.68
	$21 \leqslant X \leqslant 30$	85	10.23	102	12.27
	$31 \leqslant X \leqslant 40$	53	6.38	179	21.54
	$41 \leqslant X \leqslant 50$	19	2.29	214	25.75
	$51 \leqslant X \leqslant 60$	8	0.96	113	13.60
	>60	0	0	37	4.45

续表 4-9

项目		使用电脑上网		不使用电脑上网	
		人数	占比/%	人数	占比/%
学历	文盲/半文盲	2	0.24	93	11.19
	小学	13	1.56	191	22.98
	初中	67	8.06	289	34.78
	高中/中专/技校/职高	49	5.90	71	8.54
	大专	30	3.61	14	1.68
	大学本科	10	1.20	1	0.12
	硕士	1	0.12	0	0

注：根据样本数据统计所得。

4.3.2 手机上网特征

相比较而言，使用手机上网的农民工人数与占比远高于使用电脑上网的农民工人数与占比，分别达到了 543 人和 65.34%。手机上网情况如表 4-10 所示。

表 4-10 样本农民工手机上网情况

是否使用手机上网	人数	占比/%	累计/%
否	288	34.66	34.66
是	543	65.34	100
合计	831	100	—

注：根据样本数据统计所得。

从农民工使用手机上网的性别特征来看，与使用电脑上网类似，在绝对数量上，使用手机上网的男性样本个体数量（438 人）同样明显高于女性样本个体数量（105 人）；在相对数量上，男性农民工样本个体使用手机上网人数在男性农民工样本总体中的占比为 64.89%，与女性农民工样本个体占比 67.31% 相比，相差 2.42 个百分点。

从农民工手机上网年龄特征来看，在绝对数量上，可以看到，介于 31 岁至 40 岁之间的样本个体、介于 21 岁至 30 岁之间的样本个体、介于 41 岁至 50 岁的样本个体、介于 51 岁至 60 岁的样本个体、介于 16 岁至 20 岁之间的样本个体以及大于 60 岁的样本个体使用手机上网人数数量依次减少，分别为 189 人、171 人、124 人、

35人、19人与5人。同样,相较于老一代农民工,新生代农民工使用手机上网的人数明显增多。在相对数量上,各年龄段农民工使用手机上网人数占比各不相同,总体上,新生代各年龄段农民工样本个体占比均超过80%,老一代各年龄段农民工样本个体占比最高为53.22%,明显低于新生代农民工样本个体比例。

从农民工手机上网学历特征来看,在绝对数量上,从各学历层次来看,具有初中、高中/中专/技校/职高、小学、大专、大学本科以及硕士学历的样本个体使用手机上网的人数数量依次减少,分别为259人、103人、96人、39人、10人与1人,同时,文盲/半文盲农民工使用手机上网的人数数量为35人;在相对数量上,总体上来看,文盲/半文盲、小学、初中、高中/中专/技校/职高、大专、大学本科以及硕士等各学历层次中,使用手机上网的农民工样本个体数量占比依次升高,分别为36.84%、47.06%、72.75%、85.83%、88.64%、90.91%与100%。可以看出,随着学历层次不断提升,各学历层次农民工使用手机上网的人数占比也不断提升。

表4-11 样本农民工手机上网特征

项目		使用手机上网		不使用手机上网	
		人数	占比/%	人数	占比/%
性别	男	438	52.71	237	28.52
	女	105	12.64	51	6.14
年龄	$16<X\leqslant20$	19	2.29	2	0.24
	$21\leqslant X\leqslant30$	171	20.58	16	1.93
	$31\leqslant X\leqslant40$	189	22.74	43	5.17
	$41\leqslant X\leqslant50$	124	14.92	109	13.12
	$51\leqslant X\leqslant60$	35	4.21	86	10.35
	>60	5	0.60	32	3.85
学历	文盲/半文盲	35	4.21	60	7.22
	小学	96	11.55	108	12.99
	初中	259	31.17	97	11.67
	高中/中专/技校/职高	103	12.39	17	2.05
	大专	39	4.69	5	0.60
	大学本科	10	1.20	1	0.12
	硕士	1	0.12	0	0

注:根据样本数据统计所得。

4.3.3 互联网作用认知

表4-12反映了农民工对互联网作为信息渠道重要性的认识情况。可以看到,24.67%的农民工认为互联网不重要,认为互联网比较重要与非常重要的农民工比例为50.78%。这说明过半数样本农民工已经认识到了互联网作为信息渠道的重要性。

表4-12 样本农民工对互联网作为信息渠道的重要性认识情况

重要性认识情况	人数	占比/%	累计/%
不重要	205	24.67	24.67
一般	59	7.10	31.77
重要	145	17.45	49.22
比较重要	154	18.53	67.75
非常重要	268	32.25	100
合计	831	100	—

注:根据样本数据统计所得。

4.3.4 互联网使用用途特征

CFPS2018问卷对受访者使用互联网学习、工作、社交、娱乐以及商业活动频率(次数)进行了询问,使得本书能够更好地了解样本农民工互联网具体使用用途状况。

从返乡农民工样本个体使用互联网学习情况来看,52.00%的农民工样本个体从不使用互联网学习。农民工样本个体几乎每天以及一周3~4次使用互联网学习的人数为114人,所占比例为20.73%。近三成返乡农民工偶尔(一周1~2次、一月2~3次、一月1次、几个月1次)使用互联网学习。

表4-13 样本农民工使用互联网学习的情况

学习频率	频数	占比/%	累计/%
几乎每天	75	13.64	13.64
一周3~4次	39	7.09	20.73
一周1~2次	71	12.91	33.64
一月2~3次	37	6.73	40.37
一月1次	20	3.63	44.00
几个月1次	22	4.00	48.00
从不	286	52.00	100
合计	550	100	—

注:根据样本数据统计所得。

从返乡农民工使用互联网工作情况来看,表现出"两头多、中间少"的趋势特征。从不使用互联网工作与几乎每天都使用互联网工作的返乡农民工样本个体人数分别为307人和138人,占比分别为57.82%与25.99%。其他如一周3~4次至几个月1次使用互联网工作的农民工样本个体共86人,占比16.20%。具体情况如表4-14所示。

表4-14 样本农民工使用互联网工作的情况

使用频率	人数	占比/%	累计/%
几乎每天	138	25.99	25.99
一周3~4次	25	4.71	30.70
一周1~2次	31	5.84	36.54
一月2~3次	16	3.01	39.55
一月1次	7	1.32	40.87
几个月1次	7	1.32	42.19
从不	307	57.82	100
合计	531	100	—

注:根据样本数据统计所得。

从返乡农民工使用互联网社交的情况来看,表现出"一头独大"趋势特征。几乎每天使用互联网社交的返乡农民工样本个体人数为360人,占比65.34%。一周使用互联网进行3~4次社交的农民工占比13.43%,说明农民工具有较强的社交欲望,互联网已经成为农民工进行社交活动的主要工具之一。

表4-15 样本农民工使用互联网社交的情况

社交频率	人数	占比/%	累计/%
几乎每天	360	65.34	65.34
一周3~4次	74	13.43	78.77
一周1~2次	47	8.53	87.30
一月2~3次	20	3.63	90.93
一月1次	5	0.91	91.84
几个月1次	4	0.72	92.56
从不	41	7.44	100
合计	551	100	—

注:根据样本数据统计所得。

从返乡农民工使用互联网娱乐的情况来看,同样表现出"一头独大"的趋势特征。几乎每天或者一周3~4次使用互联网娱乐的农民工占比69.15%。这表明互联网已经成为农民工重要的娱乐工具。

表4-16 样本农民工使用互联网娱乐的情况

娱乐频率	人数	百分比/%	累计/%
几乎每天	290	52.63	52.63
一周3~4次	91	16.52	69.15
一周1~2次	83	15.06	84.21
一月2~3次	28	5.08	89.29
一月1次	13	2.36	91.65
几个月1次	6	1.09	92.74
从不	40	7.26	100
合计	551	100	—

注:根据样本数据统计所得。

从返乡农民工使用互联网从事商业活动的情况来看,31.58%的农民工从不使用互联网进行商业活动,一个月1次、几个月1次以及从不使用互联网从事商业活动的农民工占比达到51.18%。几乎每天或者一周3~4次使用互联网从事商业活动的农民工占比为18.87%。总体而言,农民工使用互联网进行商业活动的比例较低,互联网与商业活动融合度不高。

表4-17 样本农民工使用互联网从事商业活动的情况

从事商业活动频率	人数	占比/%	累计/%
几乎每天	68	12.34	12.34
一周3~4次	36	6.53	18.87
一周1~2次	74	13.43	32.30
一月2~3次	91	16.52	48.82
一月1次	53	9.62	58.44
几个月1次	55	9.98	68.42
从不	174	31.58	100
合计	551	100	—

注:根据样本数据统计所得。

◎ 4.4 农民工返乡创业特征

4.4.1 创业总体情况

如表4-18所示,从返乡创业情况来看,农民工样本个体创业人数为90人,占比10.83%。绝大部分返乡农民工从事自家农业生产经营、农业打工以及非农受雇等工作,没有开展创业活动。

表4-18 样本农民工是否创业情况

是否创业	人数	占比/%
是 (从事私营企业、个体工商户以及其他自雇等)	90	10.83
否 (从事自家农业生产经营、农业打工以及非农受雇等工作)	741	89.17
合计	831	100

注:根据样本数据统计所得。

4.4.2 创业特征

从农民工返乡创业性别特征来看,在绝对数量上,创业的男性样本个体数量(74人)明显多于女性样本个体数量(16人);在相对数量上,男性农民工样本个体创业人数在男性农民工样本总体中的占比为10.96%,女性农民工样本个体创业人数占比为10.26%,仅仅相差0.7个百分点。

从农民工返乡创业年龄特征来看,在绝对数量上,介于31岁至40岁的样本个体创业人数为37人,数量最多。其次是介于21岁至30岁的样本个体创业人数,为20人。介于41岁至50岁的样本个体与介于51岁至60岁的样本个体创业人数分别为15人和11人。介于16岁至20岁的样本个体创业人数为1人,数量最少。相较于老一代农民工,新生代农民工创业人数明显增多。在相对数量上,介于31岁至40岁和大于60岁的样本个体创业人数占比分别为15.95%和16.22%。同时,介于16岁至20岁和介于41岁至50岁的样本个体创业人数占比分别为

4.76%和6.44%,比例相对较低。

从农民工返乡创业学历特征来看,在绝对数量上,从各学历层次阶段来看,具有初中学历农民工创业人数为43人,数量最多,高中/中专/技校/职高学历农民工创业人数为18人,小学学历农民工创业人数为16人,大专、大学本科以及硕士学历创业人数共计7人,同时,文盲/半文盲农民工创业人数为6人;在相对数量上,总体上来看,文盲/半文盲、小学、初中、高中/中专/技校/职高、大专、大学本科以及硕士等各学历层次中,创业农民工样本个体数量占比呈现先升高后降低的"倒U形"特征,分别为6.32%、7.84%、12.08%、15.00%、13.64%、9.09%与0%。

表4-19 样本农民工返乡创业特征

项目		创业		不创业	
		人数	占比/%	人数	占比/%
性别	男	74	8.90	601	72.32
	女	16	1.93	140	16.85
年龄	16<X≤20	1	0.12	20	2.41
	21<X≤30	20	2.41	167	20.10
	31<X≤40	37	4.45	195	23.47
	41<X≤50	15	1.81	218	26.23
	51<X≤60	11	1.32	110	13.24
	>60	6	0.72	31	3.73
学历	文盲/半文盲	6	0.72	89	10.71
	小学	16	1.93	188	22.62
	初中	43	5.17	313	37.67
	高中/中专/技校/职高	18	2.17	102	12.27
	大专	6	0.72	38	4.57
	大学本科	1	0.12	10	1.20
	硕士	0	0	1	0.12

注:根据样本数据统计所得。

4.5 本章小结

本章基于中国家庭追踪调查(CFPS)2018年基础数据,得到包含831个样本农民工的数据集,并以此为基础,分别从样本农民工总体特征、互联网使用特征、农民工返乡创业特征以及农民工互联网使用与返乡创业关系等方面分析。

农民工总体特征主要表现为:① 从地域分布特征来看,样本农民工个体在东、中、西地区分布较为均衡;② 从性别与年龄特征来看,男性农民工占比超过80%,女性农民工占比较低。同时,中青年农民工数量占比超过50%,比例较高;③ 从文化程度特征来看,文盲/半文盲农民工占比为11.43%,近九成农民工具有小学以上文化程度,其中,具有初中文化程度的农民工达到42.84%;④ 从政治面貌与宗教信仰特征来看,绝大部分农民工未加入党组织,农民工共产党员占比仅为1.44%,加入宗教信仰团体的农民工占比为2.17%;⑤ 从婚姻与家庭规模特征来看,79.54%的样本农民工处于已婚状态,农民工家庭成员数在4人至6人之间的家庭合计占比达到55.84%。

农民工互联网使用特征主要表现为:① 从使用电脑上网特征来看,农民工使用电脑上网比例为20.70%,比例相对较低。在使用电脑上网的农民工中,不论在绝对数量还是相对数量上,男性农民工均高于女性农民工。年龄方面,介于20岁至40岁的农民工电脑上网人数最多,占比较高。学历方面,具有初中与高中(含中专、技校与职高)文化程度的农民工是电脑上网的主力军。② 从使用手机上网特征来看,绝对数量上,男性农民工手机上网人数(438人)高于女性农民工人数(105人),但是,在相对数量上,男性农民工手机上网比例较女性农民工手机上网比例低2.42个百分点。与电脑上网相类似,具有初中与高中(含中专、技校与职高)文化程度的20岁至40岁农民工也是手机上网的主要人群。③ 从农民工对互联网作用的认知特征来看,50.78%的样本农民工已经认识到了互联网作为信息渠道的重要性。④ 从互联网使用用途来看,更多的农民工将互联网用来社交与娱乐,几乎每天或者一周3~4次使用互联网进行社交或者娱乐的农民工占比分别为78.77%与69.15%。与此形成鲜明对比的是,农民工几乎每天或者一周3~4次使用互联网进行学习、工作与商业活动的比例分别为20.73%、30.70%与18.87%。按照农民工对互联网使用用途频率依次排序,分别为:社交、娱乐、工作、学习与从事商业活动。

农民工返乡创业特征主要表现为：① 从农民工返乡创业总体情况来看，开展创业活动的农民工个体为90人，占比为10.83%，创业比例相对较低。② 从农民工创业特征来看，首先，无论在绝对数量还是相对数量上，男性农民工创业数量均高于女性农民工数量；其次，31岁至40岁农民工创业在绝对数量与相对数量均较高，31岁至40岁农民工是返乡农民工创业的主力军；最后，具有初中与高中（含中专、技校与职高）文化程度的农民工更容易创业。

本章附录

返乡农民工互联网使用及其认知问卷

（节选自 CFPS2018 问卷）

1. "是否移动上网"比如使用手机、平板上网？1代表是，0代表否。
2. 是否使用电脑上网？1代表是，0代表否。

如果问题1和问题2答案都为1，继续回答问题3~7；否则回答问题8。

3. 使用互联网学习的频率及重要性。

3.1 您使用互联网学习（如搜索学习资料、上网络学习课程等）的频率有多高？

(1) 几乎每天　(2) 一周3~4次　(3) 一周1~2次　(4) 一月2~3次　(5) 一月1次　(6) 几个月1次　(7) 从不

3.2 使用互联网时，学习对您有多重要？

非常不重要　———1——2——3——4——5——〉非常重要

4. 使用互联网工作的频率及重要性。

4.1 您使用互联网络工作的频率有多高？

(1) 几乎每天　(2) 一周3~4次　(3) 一周1~2次　(4) 一月2~3次　(5) 一月1次　(6) 几个月1次　(7) 从不

4.2 使用互联网时，工作对您有多重要？

非常不重要　———1——2——3——4——5——〉非常重要

5. 使用互联网进行社交活动的频率及重要性。

5.1 您使用互联网进行社交活动（如聊天、发微博等）的频率有多高？

(1) 几乎每天　(2) 一周3~4次　(3) 一周1~2次　(4) 一月2~3次　(5) 一月1次　(6) 几个月1次　(7) 从不

5.2 使用互联网时，社交对您有多重要？

非常不重要　———1——2——3——4——5——〉非常重要

6. 使用互联网娱乐的频率及重要性。

6.1 您使用互联网娱乐(如看视频、下载歌曲等)的频率有多高？

(1) 几乎每天 (2) 一周3～4次 (3) 一周1～2次 (4) 一月2～3次 (5) 一月1次 (6) 几个月1次 (7) 从不

6.2 使用互联网时，娱乐对您有多重要？

非常不重要－－－1－－2－－3－－4－－5－－〉非常重要

7. 使用互联网进行商业活动的频率及重要性。

7.1 您使用互联网进行商业活动(如使用网银、网上购物)的频率有多高？

(1) 几乎每天 (2) 一周3～4次 (3) 一周1～2次 (4) 一月2～3次 (5) 一月1次 (6) 几个月1次 (7) 从不

7.2 使用互联网时，商业活动对您有多重要？

非常不重要 －－－1－－2－－3－－4－－5－－〉非常重要

8. 根据自己的实际情况判断以下信息渠道对您的重要性。

8.1 电视对您获取信息的重要性。

非常不重要 －－－1－－2－－3－－4－－5－－〉非常重要

8.2 互联网对您获取信息的重要性。

非常不重要 －－－1－－2－－3－－4－－5－－〉非常重要

8.3 报纸、期刊对您获取信息的重要性。

非常不重要 －－－1－－2－－3－－4－－5－－〉非常重要

8.4 广播对您获取信息的重要性。

非常不重要 －－－1－－2－－3－－4－－5－－〉非常重要

8.5 手机短信对您获取信息的重要性。

非常不重要 －－－1－－2－－3－－4－－5－－〉非常重要

8.6 他人转告对您获取信息的重要性。

非常不重要 －－－1－－2－－3－－4－－5－－〉非常重要

5 互联网的使用对农民工返乡创业直接影响的实证检验

第 3 章的理论分析表明,互联网以其"信息工具"与"技术工具"的功能特性,对农民工返乡创业产生影响,本章主要使用 CFPS2018 年微观数据,验证第 3 章 3.3.1 小节提出的"互联网的使用能够直接影响农民工返乡创业,提升农民工返乡创业概率"研究假设。本章共分为 4 节内容,第一节主要设定计量经济模型并简要介绍了样本数据;第二节探讨了电脑的使用对农民工返乡创业的影响,从稳健性以及内生性角度对模型进行了修正;第三节进一步从群体异质性与不同信息渠道层面探讨互联网的使用对农民工返乡创业的影响;第四节为本章小结。

◎ 5.1 模型设定与数据说明

本节首先设定了计量经济模型,然后根据 CFPS2018 问卷内容构建被解释变量、解释变量与控制变量,并给出变量名称、变量含义以及描述性统计特征。

5.1.1 模型设定

本书计量经济模型设定如下:

$$\text{Pro}(business_i) = \alpha + \beta internet_i + \gamma control_i + \varepsilon_i$$

上式中,下标 i 表示返乡农民工个体,$business_i$ 为返乡农民工是否创业虚拟变量,取值为 1 表示创业,取值为 0 表示未创业。$internet_i$ 是模型中的核心解释变量,即互联网使用变量,具体包括电脑上网与手机上网两种基本形式。$control_i$ 为包括返乡农民工个体特征(性别、年龄、婚姻状况、身体健康状况以及是否为中共党员等)、家庭特征(家庭规模、家庭纯收入以及家庭净资产等)以及社会评价等一系列的控制变量。α、β 与 γ 为模型中待估计参数,ε 为随机干扰项。根据本书研究目的,重点关注 β 参数的显著性及其变化情况,分析探讨互联网的使用对返乡农民工创业概率的影响。考虑到被解释变量返乡农民工是否创业为 1 或者 0 的二值变量,本书使用 probit 模型进行回归分析。

5.1.2 数据说明

本章同样使用 CFPS2018 年数据。结合本书第 4 章对互联网的使用与农民工返乡创业事实特征分析的样本数据,梳理界定返乡农民工个体特征、家庭特征以及社会评价等变量,各变量如表 5-1 所示:

表 5-1 主要变量的描述性统计

变量名称	变量含义	平均值	标准差	最小值	最大值
是否创业	创业为 1,否则为 0	0.107	0.310	0	1
互联网的使用	主要表现为电脑上网和手机上网	—	—	—	—
电脑上网	上网为 1,否则为 0	0.216	0.412	0	1
手机上网	上网为 1,否则为 0	0.662	0.473	0	1
性别	男性为 1,女性为 0	0.809	0.393	0	1
年龄	返乡农民工周岁	39.31	11.47	16	78
年龄平方	年龄的平方/100	17.24	9.63	2.56	60.84
是否为中共党员	是中共党员为 1,否则为 0	0.015	0.120	0	1
宗教信仰	加入宗教团体为 1,否则为 0	0.023	0.149	0	1
婚姻状况	在婚为 1,否则为 0	0.800	0.400	0	1
健康状况	自评健康程度,1 为非常健康,5 为非常不健康	2.664	1.128	1	5
教育程度	1 为文盲/半文盲,2 为小学,3 为初中,4 为高中/中专/技校/职高,5 为大专,6 为大学本科,7 为硕士	2.855	1.089	1	7
家庭规模	家庭人口数量	4.329	1.931	1	13
家庭纯收入	纯收入金额(单位:万元)	6.693	4.975	0.249	60
家庭净资产	净资产(单位:万元)	38.121	53.850	-84.685	765.5
政府评价	对本县市政府评价	2.549	1.067	1	5

注:根据 CFPS2018 数据整理所得。

需要说明的是,对"农民工""返乡""创业"的具体界定参见本书第 4 章 4.1.2 小节相关论述。另外,第 4 章 4.2 节与 4.3 节已对农民工互联网的使用与返乡创业情况进行了具体描述,此处不再赘述。

◎ 5.2 实证结果

5.2.1 以电脑上网为核心自变量的基准回归

如前文所述,根据CFPS2018问卷内容,互联网的使用主要包括电脑上网与手机上网两种基本形式。本书首先以电脑上网为核心解释变量,构建农民工返乡是否创业与电脑上网二元回归模型,之后分别加入返乡农民工个体特征变量、家庭特征变量以及社会评价变量,考察其对农民工返乡创业的影响。电脑上网对农民工返乡创业影响的probit估计结果如表5-2所示。

估计结果显示,电脑上网系数均为正值且在0.322~0.398之间小幅度波动,均通过了5%显著性水平检验,说明相较于不使用电脑上网的返乡农民工,使用电脑上网的返乡农民工创业概率更高。也就是说,互联网的使用促进了农民工返乡创业。从控制变量系数来看,年龄与健康状况个体特征变量、家庭规模以及对本县市政府评价至少通过了10%显著性水平检验,表明对农民工创业同样产生了影响。具体而言,相对于中老年返乡农民工,青壮年农民工返乡创业概率更大。健康的身体与和谐完美幸福的婚姻生活为返乡农民工创业奠定了事业基础,进而提高了创业概率。CFPS2018问卷中"关于对本县市政府的评价"的问题代表着受访者对创业环境的感知程度,良好的政府形象能够提升创业概率,这与已有研究文献的结论相一致。

表5-2 电脑上网对农民工返乡创业直接影响的probit估计

变量	模型(1)	模型(2)	模型(3)	模型(4)
电脑上网	0.367***	0.322**	0.391**	0.398**
	(0.130)	(0.152)	(0.161)	(0.162)
性别	—	0.064	0.054	0.052
		(0.153)	(0.159)	(0.160)
年龄	—	−0.066*	−0.069*	−0.079**
		(0.034)	(0.035)	(0.035)

续表 5-2

变量	模型(1)	模型(2)	模型(3)	模型(4)
年龄平方	—	0.077* (0.039)	0.079* (0.041)	0.092** (0.041)
健康状况	—	0.098* (0.058)	0.101* (0.061)	0.104* (0.060)
是否为中共党员	—	0.255 (0.356)	0.199 (0.354)	0.197 (0.357)
宗教信仰	—	−0.528 (0.435)	−0.399 (0.449)	−0.369 (0.441)
婚姻	—	0.524** (0.196)	0.467** (0.212)	0.499** (0.212)
教育程度	—	0.096# (0.065)	0.079 (0.068)	0.092 (0.069)
家庭规模	—	—	0.072* (0.037)	0.064* (0.036)
家庭纯收入	—	—	−0.016 (0.017)	−0.017 (0.016)
家庭净资产	—	—	−0.000 (0.001)	−0.000 (0.010)
对本县市政府评价	—	—	—	0.138** (0.059)
常数	−1.029* (0.612)	−0.742 (0.901)	−0.451 (0.927)	−0.567 (0.933)
是否固定地区效应	是	是	是	是
pseudo R^2	0.048	0.076	0.083	0.092
观测值	797	797	747	747

注：***、**、*、# 分别表示 1%、5%、10% 与 15% 显著性水平，括号内为标准差。

5.2.2 稳健性检验

在5.2.1小节中实证检验了电脑上网对农民工返乡创业的影响,结果显示电脑上网能够明显提升农民工返乡创业的概率。接下来,以互联网使用的另外一种重要形式——手机上网为自变量检验其对创业的影响。手机上网对农民工返乡创业影响的probit估计结果如表5-3所示。

可以看到,手机上网系数均为正值,模型(1)、模型(3)与模型(4)中手机上网系数通过10%显著性水平检验,模型(2)中手机上网系数通过12%显著性水平检验。同样,从控制变量系数来看,年龄、健康状况、家庭规模以及对本县市政府评价至少通过了10%显著性水平检验,表明对农民工创业同样产生了影响。所不同的是,在手机上网对创业影响实证检验中,教育程度变量也通过了10%显著性水平检验。已有研究文献表明:受教育程度对创业会产生方向相反的影响。一种观点是"能力说"即受教育程度越高越有利于创业;另一种观点是"机会成本说"即受教育程度越高,其创业的机会成本越高。从表5-3回归结果来看,"能力说"似乎占据上风,这与史晋川与王维维、赵婷与岳园园、袁方与史清华等学者研究结论一致。

表5-3 手机上网对农民工返乡创业直接影响的probit估计

变量	模型(1)	模型(2)	模型(3)	模型(4)
手机上网	0.224* (0.129)	0.238# (0.154)	0.264* (0.159)	0.274* (0.160)
性别	—	0.081 (0.154)	0.081 (0.160)	0.083 (0.162)
年龄	—	−0.073** (0.034)	−0.077** (0.035)	−0.087** (0.035)
年龄平方	—	0.086** (0.039)	0.090** (0.040)	0.103** (0.040)
健康状况	—	0.095* (0.058)	0.098* (0.060)	0.100* (0.060)
是否为中共党员	—	0.262 (0.154)	0.207 (0.362)	0.195 (0.366)

续表 5-3

变量	模型(1)	模型(2)	模型(3)	模型(4)
宗教信仰	—	−0.564 (0.439)	−0.471 (0.467)	−0.439 (0.451)
婚姻	—	0.515*** (0.192)	0.455** (0.208)	0.487** (0.208)
教育程度	—	0.123** (0.058)	0.114* (0.067)	0.128* (0.068)
家庭规模	—	—	0.069* (0.038)	0.061* (0.037)
家庭纯收入	—	—	−0.016 (0.017)	−0.016 (0.017)
家庭净资产	—	—	−0.000 (0.001)	0.000 (0.001)
对本县市政府评价	—	—	—	0.139** (0.060)
常数	−1.030# (0.641)	−0.782 (0.891)	−0.500 (0.923)	−0.594 (0.914)
是否固定地区效应	是	是	是	是
pseudo R^2	0.041	0.073	0.078	0.087
观测值	797	797	747	747

注：***、**、*、#分别表示1%、5%、10%与15%显著性水平，括号内为标准差。

5.2.3 内生性问题

众所周知，在回归分析过程中，内生性问题是普遍存在的。遗漏变量、反向因果关系以及样本选择偏差是产生内生性问题的主要原因。目前，遗漏变量导致的内生性问题主要通过尽可能增加控制变量的方法予以解决；反向因果关系引起的内生性问题主要通过工具变量法解决；而由样本选择偏差导致的内生性问题则主要通过倾向得分匹配法(Propensity Score Matching，PSM)解决。接下来，本书主要使用工具变量法与PSM法处理可能存在的因反向因果关系与样本选择偏差所引起的内生性问题。

1) 对反向因果关系引起内生性问题的处理

根据现有研究,互联网的使用与农民工返乡创业之间可能存在着反向因果关系。本书借鉴 Cameron 和 Trivedi 提供的方法处理内生性问题。具体原理为:

$$y_{1i} = \beta_1 y_{2i} + X'_{1i}\beta_2 + \mu_i$$

$$y_{2i}^* = X'_{1i}\pi_{1j} + X'_{2i}\pi_{2j} + \gamma_i$$

$$y_{2i} = \begin{cases} 1, \\ 0. \end{cases} \quad (\text{如果 } y_{2i}^* > 0, \text{取 } 1, \text{否则取 } 0)$$

上式中,y_{2i} 是一个内生的二值解释变量,类似于一个指示变量。引入一个 y_{2i}^* 变量,当 $y_{2i}^* > 0$ 时,y_{2i} 取值为 1,否则取值为 0。在本部分实证研究中,返乡农民工是否使用互联网相当于 y_{2i},决定返乡农民工是否使用互联网的因素除了农民工个体特征、家庭特征以及社会评价等因素以外,本研究加入了"上网时工作重要程度"

表5-4 电脑上网对农民工返乡创业影响的两阶段估计结果

变量	第二阶段		第一阶段	
	模型(1)	模型(2)	模型(1)	模型(2)
电脑上网	0.125#	0.119#	—	—
	(0.081)	(0.080)		
上网时工作重要程度	—	—	0.065***	0.065***
			(0.010)	(0.011)
性别	0.005	0.005	0.368**	0.367**
	(0.028)	(0.027)	(0.177)	(0.177)
年龄	−0.010#	−0.012*	−0.023	−0.023
	(0.007)	(0.007)	(0.045)	(0.044)
年龄平方	0.013*	0.014*	−0.018	−0.017
	(0.007)	(0.007)	(0.057)	(0.057)
健康状况	0.017*	0.017*	0.031	0.030
	(0.010)	(0.010)	(0.062)	(0.062)
是否为中共党员	−0.044	−0.050	−0.163	−0.165
	(0.088)	(0.088)	(0.510)	(0.511)

续表 5-4

变量	第二阶段		第一阶段	
	模型(1)	模型(2)	模型(1)	模型(2)
宗教信仰	−0.050 (0.074)	−0.039 (0.074)	−0.075 (0.084)	−0.198 (0.487)
婚姻	0.070** (0.031)	0.072** (0.031)	−0.032 (0.177)	−0.032 (0.177)
教育程度	0.009 (0.015)	0.012 (0.015)	0.475*** (0.075)	0.476*** (0.075)
家庭规模	0.013** (0.006)	0.013** (0.006)	−0.024 (0.036)	−0.024 (0.037)
家庭纯收入	−0.004# (0.003)	−0.004# (0.003)	0.035** (0.016)	0.035** (0.016)
家庭净资产	−0.001 (0.002)	−0.000 (0.002)	0.003** (0.001)	0.003** (0.001)
对本县市政府评价	—	0.023** (0.010)	—	0.015 (0.062)
常数	0.277 (0.205)	0.257# (0.204)	−1.709# (1.154)	−1.718# (1.156)
是否固定地区效应	是	是	是	是
pseudo R^2	0.376	0.377	0.376	0.377
观测值	829	829	829	829

注：***、**、*、#分别表示1%、5%、10%与15%显著性水平，括号内为标准差。

这一关键变量，将其视为外生变量。一方面，考虑到是否使用互联网与上网时工作重要程度具有一定的相关性，上网时工作越重要越倾向于使用互联网；另一方面，根据以往经验，上网时工作重要程度不会对是否创业产生直接影响。使用上述方法，分别估计电脑上网与手机上网两种具体互联网使用方式对农民工返乡创业的影响。表5-4列出了电脑上网对农民工返乡创业影响的两阶段估计结果。

对于表5-4中的两个模型来说，检验的P值分别为0.024与0.018，在5%显著性水平条件下，拒绝所有解释变量均为外生的假设，确实存在内生性问题。进一步地分析,在第一阶段回归中可以看到,上网时工作重要程度估计系数为正值且通过 1%显著性水平检验,说明相对于上网时工作不重要的个人,上网时工作重要的个人更倾向于使用互联网。第二阶段回归结果显示,电脑上网系数为正值且通过 15%显著性水平检验,表示电脑上网对农民工返乡创业具有明显的促进作用。同时,其他控制变量估计系数变化不大,表明电脑上网提升农民工返乡创业的概率是可靠的。

表 5-5 展示了手机上网对农民工返乡创业影响的两阶段回归估计结果。

表 5-5 手机上网对农民工返乡创业影响的两阶段估计结果

变量	第二阶段		第一阶段	
	模型(1)	模型(2)	模型(1)	模型(2)
手机上网	0.194*** (0.073)	0.190*** (0.072)	—	—
上网时工作重要程度	—	—	0.180*** (0.029)	0.181*** (0.029)
性别	0.014 (0.028)	0.013 (0.027)	−0.233# (0.150)	−0.233# (0.150)
年龄	−0.013** (0.006)	−0.014** (0.006)	0.028 (0.043)	0.028 (0.044)
年龄平方	0.019** (0.008)	0.020* (0.007)	−0.097* (0.050)	−0.097* (0.051)
健康状况	0.017* (0.010)	0.018* (0.010)	0.010 (0.055)	0.009 (0.054)
是否为中共党员	0.060 (0.090)	0.065 (0.090)	−0.582 (0.543)	−0.581 (0.544)
宗教信仰	−0.045 (0.076)	−0.034 (0.076)	0.029 (0.381)	0.032 (0.383)
婚姻	0.069** (0.032)	0.070** (0.031)	−0.025 (0.184)	−0.024 (0.184)

续表 5-5

变量	第二阶段		第一阶段	
	模型(1)	模型(2)	模型(1)	模型(2)
教育程度	0.010 (0.013)	0.012 (0.013)	0.179*** (0.066)	0.179*** (0.067)
家庭规模	0.011* (0.007)	0.011* (0.006)	0.007 (0.038)	0.007 (0.037)
家庭纯收入	−0.005* (0.003)	−0.004* (0.003)	0.059** (0.018)	0.059** (0.019)
家庭净资产	−0.000 (0.00)	−0.000 (0.002)	−0.002# (0.002)	0.003# (0.001)
对本县市政府评价	—	0.024** (0.011)	—	0.004 (0.055)
常数	0.212 (0.211)	0.192 (0.210)	1.236 (1.223)	1.231 (1.224)
是否固定地区效应	是	是	是	是
pseudo R^2	0.377	0.376	0.377	0.376
观测值	829	829	829	829

注：***、**、*、# 分别表示 1%、5%、10% 与 15% 显著性水平，括号内为标准差。

通过 P 值检验,在 5% 显著性水平条件下,拒绝所有解释变量均为外生的假设,确实存在内生性问题。进一步地分析,第一阶段回归结果表明,上网时工作重要程度估计系数为正值且通过 1% 显著性水平检验,说明相对于上网时工作不重要的个人,上网时工作重要的个人更倾向于使用互联网。第二阶段回归结果显示,电脑上网系数为正值且通过 1% 显著性水平检验,表示手机上网对农民工返乡创业具有明显的促进作用。同时,其他控制变量估计系数变化不大,同样表明手机上网提升农民工返乡创业的概率是可靠的。

总之,经过上述研究后发现,在实证检验互联网的使用对农民工返乡创业的影响时,的确存在内生性问题。借鉴 Cameron 和 Trivedi 提供的处理方法,通过引入"上网时工作重要程度"作为工具变量,克服内生性问题,重新检验了电脑上网与手机上网对农民工返乡创业的影响,检验结果同样是电脑上网与手机上网显著提升了农民工返乡创业的概率。也就是说,互联网的使用能够提升农民工返乡创业的概率。

2) 对样本选择偏差引起内生性问题的处理

内生性问题产生的原因是多样的,处理方法也是不同的。上文使用工具变量法处理由反向因果关系导致的内生性问题。这里则主要使用倾向得分匹配法(PSM)处理由样本选择偏差引起的内生性问题。内生性问题产生的主要原因在于农民工使用互联网不能满足随机抽样的假设,更多的是返乡农民工自我选择的结果。PSM 是解决样本选择偏差问题的有力工具,本书将基于 PSM,构建反事实分析框架,实证检验互联网的使用对农民工返乡创业的影响。

PSM 主要分为三步:① 将返乡农民工的个体特征、家庭特征以及对社会评价等多个特征综合成为一个指标,计算出返乡农民工是否使用互联网(电脑上网与手机上网)的倾向值;② 通过邻近匹配、半径匹配以及核匹配等多种匹配方法,依据倾向值得分对实验组与控制组进行匹配,倾向值相近的农民工归为同一组别,表明具有相同或相近的特征;③ 计算实验组与控制组农民工返乡创业差异,即平均处理效应(ATT),得到互联网的使用(电脑上网与手机上网)对农民工返乡创业影响的净效应。根据不同匹配方法得到的电脑使用对农民工返乡创业 PSM 分析结果,如表 5-6 所示。

在表 5-6 中可以看到,不论采用哪种匹配方法,ATT 的值均为 0.1728,且通过了至少 5% 显著性水平检验。与表 5-2 中电脑上网系数 0.367、0.322、0.391 与 0.398 相比,数值明显下降。这也从侧面说明,使用普通 probit 模型进行回归确实存在内生性问题,普通 probit 模型在一定程度上高估了互联网的使用对农民工返乡创业的概率。但是,不可否认的是,互联网的使用对农民工返乡创业仍然具有促进作用。

表 5-6 不同匹配方法下的电脑使用对农民工返乡创业 PSM 分析结果

方法	ATT	标准误	t 值
最小邻近匹配(1∶1)	0.1728***	0.044	2.67
最小邻近匹配(1∶4)	0.1728**	0.040	1.97
半径匹配	0.1728***	0.031	2.61
核匹配	0.1728**	0.038	2.09

注:***、** 分别表示 1%、5% 的显著性水平。

表 5-7 列出了不同匹配方法下手机使用对农民工返乡创业的 PSM 分析结果。与表 5-6 中电脑使用对农民工返乡创业 PSM 分析结果不同,只有在半径匹配方法下,ATT 值 0.1295 通过 1% 显著性水平检验,其他匹配方法未通过显著性水平检验。可以在一定程度上说明,相对于手机上网的互联网使用方式,电脑上网提升农民工返乡创业的概率更高且更为稳健。

表 5-7 不同匹配方法下的手机使用对农民工返乡创业 PSM 分析结果

方法	ATT	标准误	t 值
最小临近匹配(1:1)	0.1295	0.042	−0.05
最小临近匹配(1:4)	0.1295	0.035	−0.59
半径匹配	0.1295***	0.016	3.14
核匹配	0.1295	0.033	−0.37

注:***表示 1% 显著性水平。

◎5.3 进一步讨论

本节在 5.2 节实证检验的基础上,从性别、年龄以及受教育程度的群体异质性与互联网、电视、报纸与杂志、广播、手机短信、他人转告等不同信息渠道层面以及互联网作为技术工具,进一步探讨互联网的使用对农民工返乡创业的影响。

5.3.1 基于性别、年龄与教育程度的分群体讨论

表 5-8 列出了电脑上网与手机上网两种不同互联网使用方式对不同性别农民工返乡创业的估计结果。不论是电脑上网还是手机上网,男性农民工均通过了 5% 显著性水平检验,女性农民工没有通过显著性水平检验。可以认为,相较于女性农民工,电脑上网与手机上网两种具体形式的互联网使用对男性农民工返乡创业的影响更为明显。也就是说,互联网使用对男性农民工返乡创业影响的边际效应更显著。

表 5-8 互联网使用对不同性别农民工返乡创业的影响估计

变量	男性	女性	变量	男性	女性
电脑上网	0.399**	0.266	手机上网	0.381**	-0.284
	(0.182)	(0.478)		(0.182)	(0.491)
控制变量	已控制	已控制	控制变量	已控制	已控制
观测值	585	109	观测值	585	109

注：**表示 5%显著性水平，括号内为标准差。

互联网的使用对新生代农民工与老一代农民工返乡创业的影响是否相同？是否存在差异？表 5-9 展示了电脑上网与手机上网的互联网使用对 40 岁以下与 40 岁以上两个年龄段农民工返乡创业的影响估计。可以看到，只有电脑上网对 40 岁以下男性农民工创业通过 5%显著性水平检验，其余情况均未通过显著性水平检验。说明在相同条件下，电脑上网对 40 岁以下青壮年农民工返乡创业的影响高于 40 岁以上中老年农民工，手机上网对创业影响不明显。

表 5-9 互联网的使用对不同年龄段返乡农民工创业的影响估计

变量	40 岁以下	40 岁以上	变量	40 岁以下	40 岁以上
电脑上网	0.467**	0.420	手机上网	0.191	0.340
	(0.195)	(0.331)		(0.248)	(0.247)
控制变量	已控制	已控制	控制变量	已控制	已控制
观测值	359	274	观测值	359	274

注：**表示 5%显著性水平，括号内为标准差。

可以看到，表 5-10 列出了互联网的使用对小学、初中以及高中（包含中专、技校、职高）等不同教育程度农民工创业影响的估计结果。模型（2）通过了 5%显著性水平检验，模型（1）与模型（3）未通过显著性水平检验。可以直观理解为：相较于具有小学和高中（包含中专、技校、职高）教育程度的农民工而言，互联网使用对具有初中教育程度的农民工返乡创业的影响更为显著。也说明了互联网的使用对不同受教育程度的农民工返乡创业的影响呈现倒"U"型特征，即对较低受教育程度的小学和较高受教育程度的高中（包含中专、技校、职高）的农民工影响较弱，而对具有初中教育水平的农民工返乡创业影响更为明显。

表5-10 互联网的使用对不同受教育程度返乡农民工创业的影响估计

变量	模型(1)	模型(2)	模型(3)
小学	−0.090 (0.447)	—	—
初中	—	0.508** (0.251)	—
高中/中专/技校/职高	—	—	0.173 (0.439)
控制变量	已控制	已控制	已控制
观测值	133	301	67

注：**表示5%显著性水平，括号内为标准差。

5.3.2 不同信息渠道对返乡农民工创业的影响

在CFPS2018问卷中，询问了受访者关于互联网、电视、报纸与期刊、广播、手机短信以及他人转告等信息来源渠道对其的重要程度，为本书研究不同信息渠道对农民工返乡创业提供了数据基础。对于潜在创业者而言，畅通的信息渠道不仅有助于创业者快速地捕捉瞬间即逝的商机，更有利于创业者对企业进行经营管理、开拓市场、打造商业品牌等活动。

表5-11展示了不同信息渠道对农民工返乡创业的影响的probit估计结果，模型(1)到模型(6)分别列出了互联网、电视、报纸与期刊、广播、手机短信以及他人转告六条信息渠道对创业的估计结果。可以看到，模型(1)与模型(6)分别通过了1%与5%显著性水平检验，而模型(2)、模型(3)、模型(4)与模型(5)没有通过显著性水平检验。估计结果表明，互联网与他人转告两个信息渠道对农民工返乡创业选择产生显著影响，但是，他人转告信息渠道的作用弱于互联网信息渠道。电视、报纸与期刊、广播以及手机短信这些信息渠道对农民工返乡创业的影响作用不明显。

表 5-11 不同信息渠道对农民工返乡创业影响的估计

变量	模型(1)	模型(2)	模型(3)	模型(4)	模型(5)	模型(6)
互联网	0.177*** (0.047)	—	—	—	—	—
电视	—	−0.024 (0.042)	—	—	—	—
报纸、期刊	—	—	0.020 (0.051)	—	—	—
广播	—	—	—	−0.039 (0.052)	—	—
手机短信	—	—	—	—	−0.034 (0.045)	—
他人转告	—	—	—	—	—	−0.104** (0.048)
控制变量	已控制	已控制	已控制	已控制	已控制	已控制
观测值	797	797	797	797	797	797

注：***、**分别表示1%、5%显著性水平，括号内为标准差。

5.3.3 互联网作为信息工具对农民工返乡创业的影响

互联网的使用主要体现在"信息工具"与"技术工具"功能方面，5.3.2节考察了包括互联网在内的电视、报纸与期刊、广播、手机短信以及他人转告等不同信息渠道对农民工返乡创业的影响，可以看作是互联网作为"信息工具"对农民工返乡创业的影响。需要特别说明的是，在CFPS2018问卷中没有设置关于使用互联网创业的相关问题，导致无法直接考察互联网作为"技术工具"对农民工返乡创业的影响。但是，在CFPS2018问卷中有"进行商业活动时，使用互联网对您的重要程度？"的问题，本书认为这个问题能够在一定程度上反映互联网作为"技术工具"对创业的影响作用。因此，本节以这个问题的答案作为互联网"技术工具"的代理变量，考察其是否对农民工返乡创业产生影响及其影响程度。

表 5-12 互联网"技术工具"对农民工返乡创业的影响估计

变量	模型(1)	模型(2)	模型(3)	模型(4)
互联网在商业活动中的重要程度	0.031*** (0.010)	0.036*** (0.013)	0.042*** (0.013)	0.043** (0.013)
控制变量	已控制	已控制	已控制	已控制
pseudo R^2	0.055	0.078	0.097	0.103
观测值	830	830	830	830

注：***、**分别表示1%、5%显著性水平，括号内为标准差。

在表 5-12 中可以看到，作为"技术工具"的互联网对农民工返乡创业产生了显著影响，均通过了1%显著性水平检验。说明互联网作为"技术工具"对于农民工返乡创业产生了积极的正向影响。

◎ 5.4 本章小结

本章使用CFPS2018微观数据实证检验了通过电脑上网与通过手机上网两种具体互联网使用方式对农民工返乡创业的影响。对本书第3章3.3.1节提出的"互联网使用能够直接影响农民工返乡创业，提升农民工返乡创业的概率"研究假设进行了验证。

在具体实证分析过程中，首先，从返乡农民工个体特征、家庭特征以及社会评价等方面选择变量，建立probit模型，检验了通过电脑上网对农民工返乡创业的影响。基于回归稳健性考虑，实证检验了通过手机上网对农民工返乡创业的影响。其次，考虑到内生性问题，一方面，选择"上网时工作重要程度"变量作为工具变量，处理互联网使用与农民工返乡创业之间可能存在的反向因果关系问题；另一方面，使用倾向得分匹配法（PSM），构建反事实框架，处理可能因样本选择偏差而引起的内生性问题。最后，从实证结果来看，不论是通过电脑上网还是通过手机上网对农民工返乡创业都产生了显著正向影响，提升了农民工返乡创业的概率。在处理了互联网使用与农民工返乡创业可能存在反向因果关系与样本选择偏差引起的内生性问题之后，互联网的使用对农民工返乡创业的影响检验结果依然显著，实证结果稳健可靠。研究结果表明，相较于不使用互联网的农民工，使用互联网的农民工返乡创业的概率更高。在本书第3章分析互联网作为"信息工具"与"技术工具"的功能属性明显,在本章实证检验过程中得到进一步验证。

为进一步深入考察互联网的使用对农民工返乡创业的影响,分别从群体异质性、信息渠道以及技术工具角度进行实证检验:

(1) 从群体异质性来看

在互联网的使用对不同性别农民工返乡创业的影响方面,相较于女性农民工,互联网的使用对男性农民工返乡创业影响的边际效应更为显著;在互联网的使用对不同年龄农民工返乡创业的影响方面,实证结果表明:电脑上网更有助于40岁以下青壮年农民工返乡创业;在互联网的使用对不同文化程度农民工返乡创业的影响方面,可以看到,互联网的使用对具有初中学历的农民工返乡创业的影响更为明显。简而言之,互联网的使用对具有初中学历的40岁以下的男性农民工返乡创业的影响最为显著。

(2) 从信息渠道来看

正如本书第3章3.2节所分析的那样,互联网作为"信息工具",为农民工提供了更为丰富、更加方便的信息来源与信息传播渠道,有助于返乡农民工识别创业机会、降低创业成本与控制创业风险。实证结果表明,相较于电视、报纸与期刊、广播以及手机短信等信息渠道,互联网与他人转告两个信息渠道对农民工返乡创业选择产生了显著的正向影响。同时可以看到,他人转告信息渠道的作用弱于互联网信息渠道。

(3) 从技术工具来看

互联网不仅是"信息工具",也是"技术工具"。互联网作为"技术工具"的广泛应用,带来了新的市场、新的产品与新的组织方式,更带来了新的创业机会。实证结果显示:互联网作为"技术工具"显著促进了农民工返乡创业,对农民工返乡创业产生了积极的正向效应,同样验证了本书第3章所提出的理论假设。

6 互联网的使用对农民工返乡创业间接影响的实证检验

第5章主要实证检验了互联网的使用对农民工返乡创业的直接影响。根据第3章的理论分析,互联网使用不仅对农民工返乡创业产生直接影响,而且还会产生间接影响。本章继续使用CFPS2018年的微观数据,实证检验互联网使用对农民工返乡创业的间接影响。进一步验证第3章3.3.2节提出的"社会资本、人力资本以及金融资本对互联网的使用与农民工返乡创业的关系起到中介作用"研究假设。本章共分为四节内容。第一节、第二节与第三节分别基于社会资本、人力资本与金融资本三个层面探讨互联网的使用对农民工返乡创业的间接影响,第四节为本章小结。

◎ 6.1 基于社会资本的互联网使用对农民工返乡创业间接影响的实证检验

在我国,社会资本对创业具有极其重要的特殊影响。互联网的使用能够影响返乡农民工的社会资本。一方面,作为"信息工具"的互联网,以QQ、微信等即时通信软件为载体,使得返乡农民工能够更加方便快捷地与他人进行感情交流与信息沟通,有效地扩展着返乡农民工的社会资本;另一方面,农民工返乡创业离不开家庭、亲戚以及社区资源的支持。社会资本对获取创业信息、发现创业机会产生积极影响。学者们对社会资本能够促进创业的认识基本一致。

在对社会资本的具体衡量方面,本书借鉴马光荣、杨恩艳、马俊龙、宁光杰、周广肃、樊纲以及袁方、史清华等学者的处理方法,结合CFPS2018问卷问题,将人情礼支出作为社会资本代理变量,分析其对社会资本的影响。通过电脑上网对返乡农民工社会资本影响的估计结果如表6-1所示。

表 6-1 通过电脑上网对返乡农民工社会资本影响的估计结果

变量	模型(1)	模型(2)	模型(3)	模型(4)
通过电脑上网	0.189**	0.194**	0.139*	0.140*
	(0.075)	(0.083)	(0.087)	(0.086)
性别	—	−0.033	−0.021	−0.021
		(0.086)	(0.091)	(0.091)
年龄	—	0.033*	−0.031#	−0.031#
		(0.019)	(0.019)	(0.020)
年龄平方	—	−0.035*	−0.031	0.031
		(0.022)	(0.022)	(0.023)
健康状况	—	−0.056*	−0.048#	−0.048#
		(0.031)	(0.032)	(0.032)
是否为中共党员	—	−0.580	−0.438	−0.438
		(0.636)	(0.631)	(0.633)
宗教信仰	—	−0.004	−0.016	−0.016
		(0.185)	(0.191)	(0.190)
婚姻	—	0.209**	0.174*	0.174*
		(0.091)	(0.099)	(0.099)
教育程度	—	0.059#	0.041	0.041
		(0.040)	(0.040)	(0.041)
家庭规模	—	—	0.008	0.008*
			(0.020)	(0.020)
家庭纯收入	—	—	0.027***	0.027***
			(0.010)	(0.009)
家庭净资产	—	—	0.003***	0.003***
			(0.001)	(0.001)
对本县市政府评价	—	—	—	−0.003
				(0.033)

续表 6-1

变量	模型(1)	模型(2)	模型(3)	模型(4)
常数	6.212***	5.580***	5.042***	5.043***
	(0.502)	(0.579)	(0.452)	(0.453)
是否固定地区效应	是	是	是	是
pseudo R^2	0.128	0.149	0.206	0.206
观测值	818	818	771	771

注：***、**、*、#分别表示1%、5%、10%与15%显著性水平,括号内为标准差。

在表6-1中,设定的四个模型中通过电脑上网变量系数分别为0.189、0.194、0.139与0.140,且通过了至少10%显著性水平检验。实证结果表明,通过电脑上网使得农民工人情礼支出增加,返乡农民工积累了广泛的社会资本,丰富了人脉资源,有力地支持了创业活动的开展。

表6-2列出了通过手机上网对返乡农民工社会资本影响的估计结果。可以看到,通过手机上网变量系数在设定的四个模型中至少通过了10%显著性水平检验,分别为0.224、0.238、0.264与0.274。这也表明,通过手机上网同样有助于农民工社会资本的积累,有利于农民工返乡创业。

表6-2 通过手机上网对返乡农民工社会资本影响的估计结果

变量	模型(1)	模型(2)	模型(3)	模型(4)
通过手机上网	0.224*	0.238*	0.264*	0.274*
	(0.129)	(0.154)	(0.159)	(0.160)
性别	—	0.081	0.081	0.083
		(0.154)	(0.160)	(0.162)
年龄	—	−0.073**	−0.077**	−0.087**
		(0.034)	(0.035)	(0.035)
年龄平方	—	0.086**	0.090**	0.103**
		(0.039)	(0.040)	(0.040)
健康状况	—	0.095*	0.098*	0.100*
		(0.058)	(0.060)	(0.060)

续表 6-2

变量	模型(1)	模型(2)	模型(3)	模型(4)
是否为中共党员	—	0.262 (0.154)	0.207 (0.362)	0.195 (0.366)
宗教信仰	—	−0.564 (0.439)	−0.471 (0.467)	−0.439 (0.451)
婚姻	—	0.515*** (0.192)	0.455** (0.208)	0.487** (0.208)
教育程度	—	0.123** (0.058)	0.114* (0.067)	0.128* (0.068)
家庭规模	—	—	0.069* (0.038)	0.061* (0.037)
家庭纯收入	—	—	−0.016 (0.017)	−0.016 (0.017)
家庭净资产	—	—	−0.000 (0.001)	0.000 (0.001)
对本县市政府评价	—	—	—	0.139** (0.060)
常数	−1.030# (0.641)	−0.782 (0.891)	−0.500 (0.923)	−0.594 (0.914)
是否固定地区效应	是	是	是	是
pseudo R^2	0.041	0.073	0.078	0.087
观测值	797	797	747	747

注：***、**、*、#分别表示1％、5％、10％与15％显著性水平，括号内为标准差。

根据样本数据估计结果，不论是通过电脑上网还是通过手机上网对返乡农民工社会资本都产生了积极的正向影响，第3章3.3.2节提出的"社会资本对互联网的使用与农民工返乡创业的关系起到中介作用"理论假设得到了验证。

6.2 基于人力资本的互联网使用对农民工返乡创业间接影响的实证检验

互联网的使用能够提升返乡农民工的人力资本,进而影响创业。一方面,互联网作为"信息工具"有助于先进科技信息的传播,返乡农民工能够获得相关新技术、新技能等信息,实现知识的自我更新,提升了自身的人力资本;另一方面,互联网作为"技术工具"为返乡农民工人力资本提升提供平台与路径,线上水果种植与渔业养殖技术、木工、泥工与电工等技术培训普遍存在,返乡农民工可以以较低的成本获得此类技术,无形中提升了自己的能力。人力资本是影响创业的重要因素这一观点被越来越多的专家学者所认可。

人力资本能否提升的关键在于返乡农民工自主学习的意愿和能力。本书结合CFPS2018问卷问题,以上网时学习重要程度作为代理变量,考察通过电脑上网与通过手机上网对返乡农民工人力资本的影响。通过电脑上网对返乡农民工人力资本影响的估计结果如表6-3所示。

表6-3 通过电脑上网对返乡农民工人力资本影响的估计结果

变量	模型(1)	模型(2)	模型(3)	模型(4)
通过电脑上网	0.465*** (0.141)	0.352** (0.152)	0.401** (0.157)	0.386* (0.158)
性别	—	−0.142 (0.172)	−0.229 (0.179)	−0.215 (0.178)
年龄	—	−0.039 (0.053)	−0.038 (0.065)	−0.035 (0.066)
年龄平方	—	−0.044 (0.071)	−0.042 (0.091)	0.037 (0.092)
健康状况	—	0.101# (0.066)	0.124* (0.067)	−0.129* (0.066)
是否为中共党员	—	0.027 (0.032)	0.035 (0.033)	0.034 (0.033)

续表 6-3

变量	模型(1)	模型(2)	模型(3)	模型(4)
宗教信仰	—	−1.095*** (0.314)	−0.804** (0.321)	−0.671* (0.356)
婚姻	—	−0.038 (0.169)	0.002 (0.176)	0.004 (0.177)
教育程度	—	0.133* (0.081)	0.121 (0.091)	0.123 (0.092)
家庭规模	—	—	−0.020 (0.038)	−0.021 (0.012)
家庭纯收入	—	—	0.008 (0.011)	0.006 (0.009)
家庭净资产	—	—	−0.001 (0.009)	−0.001 (0.009)
对本县市政府评价	—	—	—	−0.133* (0.082)
常数	4.201*** (0.317)	4.216*** (0.989)	4.298*** (1.098)	4.535*** (1.119)
是否固定地区效应	是	是	是	是
pseudo R^2	0.102	0.143	0.165	0.175
观测值	307	307	283	283

注：***、**、*、♯ 分别表示 1%、5%、10% 与 15% 显著性水平，括号内为标准差。

表 6-4 展示了通过手机上网对返乡农民工人力资本影响的具体估计结果。从设定的模型(1)到模型(4)中，可以看到，与通过电脑上网系数不同，手机上网系数均为负值，在 10% 显著性水平上均未通过检验。

表 6-4 通过手机上网对返乡农民工人力资本影响的估计结果

变量	模型(1)	模型(2)	模型(3)	模型(4)
手机上网	−0.336 (0.613)	−0.280 (0.682)	−0.318 (0.673)	−0.433 (0.662)

续表 6-4

变量	模型(1)	模型(2)	模型(3)	模型(4)
性别	—	−0.086 (0.171)	−0.167 (0.178)	−0.157 (0.177)
年龄	—	−0.038 (0.054)	−0.042 (0.065)	−0.039 (0.066)
年龄平方	—	0.038 (0.072)	0.043 (0.090)	0.038 (0.091)
健康状况	—	0.109* (0.068)	0.131* (0.069)	0.136* (0.069)
是否为中共党员	—	0.022 (0.032)	0.032 (0.033)	0.031 (0.034)
宗教信仰	—	−1.122*** (0.312)	−0.883** (0.346)	−0.730** (0.370)
婚姻	—	−0.050 (0.173)	−0.009 (0.182)	−0.004 (0.183)
教育程度	—	0.188** (0.078)	0.184** (0.086)	0.184** (0.086)
家庭规模	—	—	−0.021 (0.038)	−0.011 (0.039)
家庭纯收入	—	—	0.009 (0.012)	0.007 (0.012)
家庭净资产	—	—	−0.001 (0.001)	−0.001 (0.001)
对本县市政府评价	—	—	—	−0.149* (0.082)
常数	5.002*** (0.676)	4.530*** (1.215)	4.686*** (1.282)	5.055*** (1.299)
是否固定地区效应	是	是	是	是
pseudo R^2	0.070	0.128	0.146	0.158
观测值	307	307	283	283

注：***、**、*分别表示1%、5%、10%显著性水平,括号内为标准差。

从通过电脑上网与通过手机上网估计结果来看,本书第3章3.3.2节提出的"人力资本对互联网的使用与农民工返乡创业的关系起到中介作用"理论假设得到了部分验证。通过电脑上网符合理论假设,通过手机上网与理论假设不符。结合本书第4章4.3.4节返乡农民工互联网的使用特征分析,可能的原因在于,返乡农民工将手机更多地用于社交与娱乐,对新技能与新技术关注相对较少,进而对个人人力资本提升影响较小甚至无影响。

6.3 基于金融资本的互联网使用对农民工返乡创业间接影响的实证检验

正如第3章所述,周广肃与樊纲认为,家庭财富越多则意味着资金基础越雄厚,创业成功的概率越高。使用互联网"信息工具"与"技术工具"进行理财、配置家庭资产等会对金融资本产生影响,进而影响创业。在对金融资本具体衡量方面,本书借鉴周广肃、樊纲等学者的处理方法,使用农民工家庭存款作为金融资本代理变量,分析其对金融资本的影响。

通过电脑上网对返乡农民工金融资本影响的估计结果如表6-5所示。设定的四个模型中电脑上网变量系数分别为0.440、0.541、0.491与0.494,且通过了至少1%显著性水平检验。实证结果表明,通过电脑上网使得农民工金融资本增加,为农民工创业提供了更为有利的条件。

表6-5 通过电脑上网对返乡农民工金融资本影响的估计结果

变量	模型(1)	模型(2)	模型(3)	模型(4)
通过电脑上网	0.440*** (0.160)	0.541*** (0.178)	0.491*** (0.174)	0.494*** (0.173)
性别	—	−0.196 (0.159)	−0.127 (0.158)	−0.135 (0.157)
年龄	—	0.053# (0.038)	0.045 (0.037)	0.050 (0.037)
年龄平方	—	−0.043 (0.044)	−0.032 (0.043)	−0.038 (0.042)

续表 6-5

变量	模型(1)	模型(2)	模型(3)	模型(4)
健康状况	—	0.073 (0.065)	0.053 (0.063)	0.072 (0.062)
是否为中共党员	—	0.089** (0.044)	0.101* (0.043)	0.099** (0.043)
宗教信仰	—	−0.493 (0.510)	−0.631 (0.603)	−0.645 (0.629)
婚姻	—	0.287 (0.212)	0.193 (0.220)	0.193 (0.219)
教育程度	—	0.162* (0.076)	0.114 (0.077)	0.100 (0.078)
家庭规模	—	—	0.023 (0.043)	0.024 (0.042)
家庭纯收入	—	—	−0.017 (0.027)	0.016 (0.027)
家庭净资产	—	—	0.008*** (0.001)	0.008*** (0.001)
对本县市政府评价	—	—	—	−0.085 (0.070)
常数	10.341*** (0.767)	8.279*** (1.172)	7.212*** (1.166)	7.343*** (1.145)
是否固定地区效应	是	是	是	是
pseudo R^2	0.078	0.110	0.168	0.171
观测值	660	660	633	633

注：＊＊＊、＊＊、＊、♯分别表示1％、5％、10％与15％显著性水平，括号内为标准差。

表6-6展示了通过手机上网对返乡农民工金融资本影响的具体估计结果。在模型(1)至模型(4)中，可以看到，通过手机上网系数均为正值，且分别通过了10％、5％、10％与10％显著性水平检验。估计结果表明，通过手机上网对返乡农民工金融资本产生了显著影响。

表 6-6 通过手机上网对返乡农民工金融资本影响的估计结果

变量	模型(1)	模型(2)	模型(3)	模型(4)
通过手机上网	0.266* (0.158)	0.358** (0.178)	0.307* (0.178)	0.313* (0.178)
性别	—	−0.171 (0.160)	−0.099 (0.158)	−0.106 (0.158)
年龄	—	0.038 (0.039)	0.032 (0.038)	−0.036 (0.039)
年龄平方	—	−0.024 (0.045)	−0.014 (0.044)	−0.021 (0.045)
健康状况	—	0.069 (0.065)	0.072 (0.063)	−0.069 (0.062)
是否为中共党员	—	0.087** (0.044)	0.100** (0.042)	−0.099** (0.043)
宗教信仰	—	−0.453 (0.508)	−0.629 (0.597)	−0.643 (0.623)
婚姻	—	0.280 (0.213)	0.193 (0.221)	0.194 (0.222)
教育程度	—	0.209*** (0.072)	0.154** (0.074)	0.140* (0.075)
家庭规模	—	—	0.014 (0.043)	0.016 (0.042)
家庭纯收入	—	—	−0.016 (0.027)	−0.015 (0.026)
家庭净资产	—	—	0.008*** (0.001)	0.008*** (0.001)
对本县市政府评价	—	—	—	−0.088 (0.070)
常数	10.3339*** (0.775)	8.299*** (1.182)	7.255*** (1.160)	7.379*** (1.141)
是否固定地区效应	是	是	是	是
pseudo R^2	0.073	0.104	0.163	0.166
观测值	660	660	633	633

注：***、**、*分别表示1%、5%、10%显著性水平,括号内为标准差。

根据样本数据估计结果,不论是电脑上网还是手机上网对返乡农民工金融资本都产生了积极的正向影响,第3章3.3.2节提出的"金融资本对互联网的使用与农民工返乡创业的关系起到中介作用"理论假设得到了验证。

◎ 6.4 本章小结

本章根据第3章3.2节与3.3节对互联网的使用间接影响农民工返乡创业的理论分析,实证检验了"社会资本对互联网的使用与农民工返乡创业的关系起到中介作用""人力资本对互联网的使用与农民工返乡创业的关系起到中介作用""金融资本对互联网的使用与农民工返乡创业的关系起到中介作用"三个理论假设。实证结果表明:首先,互联网的使用使得返乡农民工积累了更多的社会资本,有助于返乡农民工获取创业信息,发现创业机会,对农民工返乡创业起到积极的促进作用。其次,使用电脑上网进一步提升了返乡农民工的人力资本,互联网作为"信息工具"与"技术工具"对农民工人力资本的提升作用明显,人力资本的提升促进了农民工返乡创业。但是,使用手机上网对返乡农民工人力资本提升影响不明显。最后,互联网使用促进了金融资本的增加,为农民工返乡创业奠定了资金基础,提供了有效的资金保障,推动了农民工返乡创业。第3章3.3节提出的三个理论假设得到不同程度的验证。

7 互联网的使用视域下农民工返乡创业案例分析

为了更好地研究互联网的使用对农民工返乡创业的影响,本书在第4章至第6章使用中国家庭追踪调查(CFPS2018)的"面"数据,采用描述性统计方法与计量经济分析方法,实证分析了互联网的使用对农民工返乡创业的影响。而本章则主要使用田野调查所获得的"点"数据,采用案例分析法研究了10个农民工返乡创业典型,做到"面"与"点"的结合。本章共分为三节内容,第一节简要介绍了10个农民工返乡创业典型案例的基本情况;第二节分析了农民工返乡创业的特征;第三节为本章小结。

◎ 7.1 农民工返乡创业典型案例

【典型案例一】

基本情况:张××,江苏连云港人,85后,初中未毕业。因家境过于贫寒,早早辍学随老乡南下深圳开始了漫长的打工生活。长期打工生活也阻挡不了小张对家乡的日夜思念,2015年回到阔别已久的家乡,随后到某渔业公司打工,从事海产品打捞与交易等工作。

创业经历:同其他年轻人一样,张××在工作之余喜欢到网吧打游戏,登录网络社区发表意见,使用QQ聊天。2017年的某一天,张××在某网络社区聊天时突发奇想,他将自己打工企业所经营的海产品信息与自己的联系方式公布在网络社区里。按照张××后来自己所回忆"本来是一时兴起,就是想玩一玩,没有抱什么希望",结果令张××没想到的是,一个月之后却接到了河北客户的咨询电话,希望到张××的网店看看。张××看到了希望,一个大胆的计划在张××脑海中逐渐形成。

说干就干,张××从打工的渔业公司辞职,经过反复考察与比较,决定"双管齐下",一是在淘宝网开设网店经营海鲜产品,二是入驻某网络直播平台,直播海鲜生产与买卖,在短短的两年时间里,就积累了数十万"粉丝"。到2019年,张××直播年销售额超过千万元,纯利润超过百万元。目前,张××团队已有十余人。每天晚上8:30至12:30分,张××团队准点开始直播,上演着海鲜直播的热闹场景。张××看着眼前的直播,下一步更大的计划已经在他心中萌发,那就是通过互联网将海鲜卖到海外,让海鲜跨出国门,走向世界!

【典型案例二】

基本情况:李××,四川绵阳人,1990年出生,初中未毕业。父母在她很小的时候离异,母亲离家出走,父亲在她六岁时去世。之后,她跟随祖父母一起生活,上五年级时,爷爷去世。她和年迈的奶奶相依为命、共同生活。为了减轻年迈奶奶的生活负担,让奶奶生活得更好,只有14岁的她离开奶奶外出打工,作为未成年人,面对的困难可想而知。她睡过公园、端过盘子、做过夜场DJ,残酷的生活不断磨炼着她。更加不幸的是,2012年奶奶患上重病。她义无反顾地回到奶奶身边照顾奶奶,结束了打工生活。

创业经历:在奶奶患病期间,李××开过淘宝店,但是生意一直没有起色。之后,为更好地宣传自己的淘宝店,她尝试制作视频,效果依然不理想。在痛苦的煎熬中,日复一日。2016年对李××来说是非常重要的一年,这一年被大家称为"中国网络直播元年",直播成了新的"风口"。草根自媒体大量涌现,其中不乏返乡农民工的身影。经过多年的打工历练与生活感悟,李××选择一条与其他自媒体不同的道路,她以田园风格为基调,以美食文化为主线,自己全程拍摄并制作。唯美的画风与完美的内容迅速吸引了国内外观众的关注,特别是勾起了海内外游子的乡愁,观看点击量迅速攀升,"粉丝"量增长迅猛。后与文化公司合作,开始了团队化运作,影响力继续扩大,截至2019年12月,李××的"粉丝"数量(微博、抖音、今日头条、YouTube等)达到3000余万,海外"粉丝"近800万。同时,她也被聘为非物质文化遗产推广大使。据称,2019年,李××的收入超亿元。虽然,李××这种层次的返乡农民工创业成功案例凤毛麟角,但不可否认的是,通过互联网特别是直播带动农产品销售量大增的返乡农民工的确不少,比如"长沙乡村敢死队""巧妇九妹"都是互联网上影响力较大的返乡农民工。以"巧妇九妹"为例,半年时间通过互联网销售150万公斤水果也是可圈可点。

【典型案例三】

基本情况:王××,江苏徐州人,80后,小学文化程度。在南京一家服装厂打工十年,后因母亲身患癌症,子女无人照看,无奈终止打工生活回到家乡。在照顾子女的同时为母亲治病。

创业经历：回到家乡后，王××发现村里留守妇女很多，大多也都是照顾孩子和老人，于是王××心想能不能利用自己十年在服装厂打工的经验，开一家小型服装厂，专门做服装代加工生意。一方面可以解决村里留守妇女的就业问题，另一方面还可以赚钱补贴家用，可谓好处多多。与丈夫多次商量后，王××决定开始创业。客户在哪里呢？王××利用在打工期间学会的电脑网络技术，在互联网上发布代加工信息，同时主动上门找客户。一部分服装厂开始尝试性地将一小部分加工订单给王××代加工，先看看代加工质量如何。结果王××为人诚恳，技术过硬，保质保量地按时完成加工任务。王××的代加工服装厂口碑越来越好，订单量也越来越多，王××也不断增加投资规模，代加工能力不断扩大。在创业之初，资金周转困难，她利用互联网筹到资金，虽然利率成本相对较高，毕竟解了燃眉之急。在创业过程中，她遇到很多困难，最终与丈夫一起面对，一起克服这些困难。王××认为服装代加工厂只是大服装公司的一个加工环节，自己没有独立的销售渠道与环节，这是目前的主要问题。她说："下一步就是要用好互联网这个工具，建立自己的销售渠道，打造自己的服装品牌。"相信通过不断地努力，王××会实现自己的目标。

【典型案例四】

基本情况：缪××，湖南岳阳人，80后，大专学历。经过多年在外打拼，在首都北京创立公司。但是，他难舍乡愁，放弃"北漂"生活，同时，他也深信，未来的都市人一定会将消费转向农村。怀着这样的信念，他回到了家乡，结束了"漂"的生活。

创业经历：建设特色水果基地是缪××的创业目标。建设水果基地首先要有土地。但是，土地就是乡亲们的命根子，这是摆在缪××面前的首个难题。在村干部的大力帮助下，缪××走家串户，一遍又一遍地解释，最终取得村民的信任与认可，完成了2000余亩土地的流转工作。接下来，由于低估了水果种植业的难度与复杂性，使得水果产量与质量又遇到了问题，产量锐减，质量难以保证。为此，缪××多方奔走，问专家、访农户、查原因、找对策，建立水果种植标准，说服员工严格按照标准作业，保证水果品质。水果产量和质量上去了，销售渠道问题又摆在了面前，缪××线上线下同时发力，线上加大网络营销力度，充分利用网络开放性，积极寻找线上客户；线下延长水果种植产业链，发展休闲农业与乡村旅游，吸引游客参与其中，开发贴近自然课堂、水果种植体验馆以及多彩生态餐厅等项目。缪××创业致富后，在乡村振兴中带领村民共同致富。首先，成立农业产业联合体，与多位农户达成果品种植协议，免费提供果苗和技术，果品成熟后帮助销售；其次，建立

"民宿一条街",在携程、途牛等多家平台上线,免费帮助农户运营;最后,带领贫困农户脱贫,解决贫困户就业,关爱留守儿童、贫困学生与智障儿童,多次开展公益活动。经过缪××团队的多年努力,已经形成了一个集水果种植、休闲度假、实践教育与生活体验的一个新型田园综合体。缪××永远奔跑在创业的路上。

【典型案例五】

基本情况:王××,江苏淮安人,1989年出生,中专学历。从学校毕业后,北上打工,主要从事产品设计与开发等工作。但是,他始终不满足于给别人打工,同时在网上关注到从中央到地方各级政府大力推进"双创"工作,出台多项优惠政策,积极鼓励农民工、大学生以及退役士兵等人员返乡入乡创业。他心中的创业梦想被再次点燃,毅然辞职,返回家乡开启创业之路。

创业经历:王××了解到有很多经营家乡土特产的淘宝店铺,经营业绩并不是很理想,他看准机遇,创办了优特美设计服务工作室,为各类电商提供土特产品设计、店铺装修以及网络营销等服务。同时,自己也开设土特产品网店,经营蒲菜、盱眙龙虾、凌桥大米、茶馓、捆蹄、钦工肉圆等土特产品。凭借着精美的产品外观设计、过硬的产品质量以及良好的口碑,得到市场的高度认可,好评率在97%以上。近年来,店铺营业额以年均60%的速度增长。在自己做大做强的同时,王××始终没有忘记家乡的父老乡亲,免费为有意向进行电商创业的村民开展电商培训,指导帮助同村村民开设淘宝店6家,帮助7户农民注册土特产品商标,为14家淘宝店铺重新设计店面并制定网络营销方案。王××逐渐实现了品牌化、规模化、精细化经营,全力打造当地土特产品经营NO.1,为实现当地农户共同发展与共同富裕贡献自己的一分力量。

【典型案例六】

基本情况:李××,江苏淮安人,1991年出生,中专毕业。毕业后赴苏州某电子厂打工。在电子厂打工期间,认为电子器件组装工作单调乏味,长期"三班倒"工作制导致自己身体受到不可逆转的伤害,遂从电子厂辞职。在这以后,他做过服务员,当过保安,干过销售员,时间都不是很长。随着我国网络线上交易的蓬勃发展,快递行业也随之逐渐红火起来。一次偶然的机会,他接触到快递行业,和老乡一起承包了某片区的快递业务。从事快递业务后,他觉得送快递时间自由,没有人管束,快件多就多送,没有就不送,非常适合自己。度过了一段他自己认为非常快乐的时光。偶然间,他在手机上看到国家实施"乡村振兴"战略,他查找相关支持政策,其中涉及促进乡村物流业发展举措。"这不就是农村快递吗?我就不能回乡从事快递物流业务吗?自己当老板不好吗?"他不停地思索着这些问题,经过与父母和朋友商量后,决定回乡开展快递物流业务。

创业经历:李××回到家乡后,筹措资金,考察地点,最终在镇上开起了第一家××驿站。开始时,只有李××一人前后忙碌,接快递、送快递,这是他创业工作的主要内容。随着业务规模的不断扩大,快递数量不断增长,李××一个人难以维系,他开始组建自己的团队,将下属的各个村庄划区分片,由不同的合作伙伴负责,这样既明确了职责,又落实了责任。看到李××的××驿站的生意红火,竞争者也不断出现,第二家快递站点、第三家快递站点陆续开张,竞争也日趋激烈。李××面临着前所未有的压力,考虑再三,认为要想在激烈的市场竞争中脱颖而出,就必须在保证质量的前提下,积极进行业务流程、业务种类等创新,最大限度地为客户服务,否则将难以在市场上立足。李××凭借对国家政策的敏锐感知、对市场动向的精准把握以及对客户的诚信服务,在返乡创业中取得了成功。

【典型案例七】

基本情况:周×,江苏连云港人,1988年出生,初中辍学。他与村里的大多数中途辍学的年轻人一样,外出务工。同时,与妻子一同肩负着89岁高龄祖母与2个可爱子女一家五口的生计。老人生病与孩子上学的压力重重地压在他和妻子身上,在外务工,没有技术,又远离老人和孩子,加之与日俱增的思乡之情,使得他们夫妻二人萌生了回老家学点技术自己创业的想法。

创业经历:回到家乡后,通过村委会宣传关注了"扶贫在线"App,参加App上推荐的厨师、刺绣以及农机维修免费培训项目,他学会了做可口的饭菜、完成精美的刺绣作品以及修理简单的农机具。这些种类繁多的培训不断丰富着周×的生活,他一边学习,一边也在寻找着适合自己的机会。到底选择哪个行业创业呢?周×不停地实践与选择。经过反复地比较与学习,考虑到自己的兴趣,最终选择了饲养鸡苗行业也就是鸡苗养殖。养殖创业首先就是需要投资,盖鸡舍、引进鸡苗、购买鸡饲料等。利用在线"扶贫贷"项目,周×申请6万元贷款,大干一场,建立起了80平方米的鸡苗孵化场地,随着鸡苗数量越来越多,规模越来越大,周×的经验也越来越丰富。到2018年,贷款全部还完。2020年,他成立了鸡苗孵化养殖专业合作社,积极响应国家号召,发挥先富带动后富的作用,主动帮助想通过养殖鸡苗脱贫致富的村民摆脱贫困,免费传授技术以及养殖过程中的注意事项,先后带动14家农户进行鸡苗养殖,逐渐摆脱了贫困。周×也在返乡创业过程中实现了自己的人生价值。

【典型案例八】

基本情况:陈×,江苏徐州人,1993年出生,大专毕业,软件工程专业。大学期间与同学一起参加国际大学生编程大赛,获得优秀奖。毕业后进入一家物流公司从事算法设计与系统维护工作。陈×父母以水果种植为生,家里常年经营着一个规模较大的果园,家庭条件较好。用陈×自己的话来说就是"上学期间没有因为钱的事情发过愁"。大学一年级和二年级一直忙于打游戏,突然有一天醒悟了,觉得自己应该干点应该干的事,做点有意义的事情。随后,陈×逐渐有了自己的人生目标,慢慢走上了创业之路。

创业经历:因为陈×在大学期间学习的是软件工程专业,陈×最早选择创业领域为软件设计与维护,做一名代码农民。但是,随着与父亲的一次促膝长谈之后,陈×选择回家继承家业,做一名水果商人。由于自己学习的是计算机专业,对网络特别关心,尤其是生鲜电商的发展。一改父辈摆地摊、线下开店的经营模式,陈×决定将自家的生意从线下搬到线上,开启电商经营模式。经过多次比较之后,陈×选择了拼××平台,陈×深知电商平台竞争异常激烈,想要在激烈的竞争中脱颖而出,必须做出自己的特色,差异化发展战略是自己经营店铺的必由之路。首先,就是品牌建立。垫付30余万元,免费品尝水果,取得了很好的反响,逐渐打开了市场大门。其次,就是质量为王。水果质量最重要。如果客户收到腐烂变质的水果,无条件予以更换,这一举措赢得广大客户的信任。同时,做好售后服务工作,有问必答,有时候陈×亲自当客服,在线回答客户提出的问题,客户满意度不断提升。最后,就是反哺乡亲。陈×的努力付出,得到丰厚的回报。但是,陈×没有忘记曾经帮助过自己的乡亲们,陈×成立了水果种植合作社,乡亲们都是社员,由乡亲们种植的水果,陈×全部收购,在拼××平台进行销售,大家走上共同富裕之路。

【典型案例九】

基本情况:杨××,江苏徐州人,1987年出生,初中毕业。杨××较早地结婚生子,夫妻二人离开家乡,带着孩子到深圳打工,最终进入一家箱包生产企业从事箱包生产相关工作。打工的日子平淡幸福,然而天有不测风云,由于企业经营不善,利润下降,企业开始裁员,杨××和妻子被工厂辞退。之后,夫妻二人又找了一些企业,因为种种原因未能如愿进厂。夫妻二人被逼到了绝路,突然一个想法在夫妻二人的头脑中闪过,在外漂泊了这么多年,该回家了,于是二人带着孩子回到了阔别已久的老家。

创业经历：回到老家后，杨××深切感受到了打工与家乡生活的差异，曾经非常失落，收入可以用悬殊来形容。巨大的反差让杨××失去了人生方向。就在这个时候，驻村干部与村支书敲开了杨××的家门，嘘寒问暖之余，讲到"你们夫妻二人在外打工多年，有技术有经验，为什么不自己创业呢？国家现在鼓励创业，鼓励发展电商而且还有政策支持，你们好好考虑一下吧"，真是一语惊醒梦中人，经过再三权衡、谨慎考虑，夫妻二人决定创业。说干就干，6台缝纫机一字摆开，干起打工时的老本行——箱包制作！凭借多年的箱包制作经验，能够制作出质量上乘的箱包，夫妻二人建立了×宝网站，销售他们生产的箱包。创业并非一帆风顺，夫妻二人在困难中坚持，解决了资金问题之后，又解决物流问题，再解决售后质量保障问题。问题被一个一个地圆满解决，企业经营也逐渐步入正轨。良好的口碑、过硬的质量使得他们的箱包销售到上海、广东以及云南等地，供不应求。为了进一步扩大市场，夫妻二人在××逊网站上注册账号，做起了跨境电商，他们的箱包目前已远销马来西亚、巴基斯坦以及中东等国家和地区。一路走来，杨××夫妻二人通过创业走向了人生巅峰。

【典型案例十】

基本情况：朱××，江苏连云港人，1991年出生，高中辍学。朱××在离开学校后外出打工，打工经历较为丰富。与其他外出务工者一样，他做过酒店服务员、送过外卖，在街上派发过传单，也当过牛奶推销员。或许是尝到了学历不高所带来的就业之苦，也许是内心对知识的再度渴望，朱××最终选择在一家中小学培训机构打工，做一些宣传、场地布置以及接送等工作。日子一天天过去，他也学会了很多。偶然的一天，他突然想到，家乡的孩子能否也像城市的孩子一样接受这样的培训呢？经过对家乡的了解之后，他决定辞职，回到家乡开展教培创业。

创业经历：朱××教育培训创业面临的第一个难题就是确定培训对象。培训对象是选择4~6岁的幼儿、7~13岁的小学学生还是初中生？经过多方调研并结合自己务工经历，最终朱××选择以小学生为培训对象，培训内容主要为书法与舞蹈。创业地点选择在家乡的小镇上。经过一番精心准备，朱××的书法与舞蹈培训中心如期开业。教育培训能否成功的关键在于参与培训的学生数量与师资水平，朱××线下积极发放广告传单，线上通过微信公众号、朋友圈广泛宣传，线上转发培训中心信息给予奖励。经过一番努力推介与宣传，首批37位小学生报名参与培训。在培训过程中，朱××及其师资团队把培训质量放在首位，寓教于乐，注重培养学生的兴趣。首期培训结束后，每位同学都有所收获，满意率达到了97.3%。经过核算,朱××的培训班首期基本收支平衡,并且良好的口碑已经逐渐地建立起来。在随后的招生过程中,报名数量逐渐增加,最多的一次突破80人。同时,朱××将培训业务延伸至托管服务,小学生下课后到培训中心参加培训,结束后可以待在培训中心直到父母把他们接回家。朱××的培训中心逐步走上正轨,也开始有了盈利。但是,2019年年底新冠疫情不断蔓延,对朱××的培训中心造成了不小的影响,朱××面临着新的考验。经过慎重思考,朱××决定将线下培训转移至线上展开,开设抖音账号,建立直播群,进行线上培训。线上线下同时进行,努力减少疫情的不利影响。如今疫情还在肆虐,朱××还在创业的路上坚持前行。

7.2 农民工返乡创业典型案例特征分析

在本章7.1节中,对课题组在田野调查中访谈的返乡农民工中,选择10个典型创业案例进行了简要介绍。为了更好地了解农民工返乡创业特征以及互联网在创业中的作用,表7-1分别列出了农民工返乡创业原因、创业项目、创业方式以及互联网作用四个方面。

表7-1 农民工返乡创业典型案例

序号	创业原因	创业项目	创业方式	互联网作用
1	乡土情结	海鲜产品	网络直播	技术工具与信息工具
2	照顾生病老人	饮食文化	自媒体	技术工具
3	照顾未成年子女与生病老人	服装、玩具代加工	线上发布信息、线下完成加工业务	信息工具
4	乡土情结	水果种植、休闲农业	线上发布信息、线下经营	信息工具
5	不满足打工现状	创意产品设计,网络店铺装修	线上接单,线上完成	技术工具与信息工具
6	城市的难以融入与隔阂	乡村物流服务	线上接单、线下递送	技术工具

续表 7-1

序号	创业原因	创业项目	创业方式	互联网作用
7	乡土情结	鸡苗养殖	线上融资、线下养殖	技术工具
8	回乡继承家业	水果种植、水果电商	线下水果种植、线上销售	技术工具与信息工具
9	被裁员	箱包生产	线下生产、线上销售	技术工具与信息工具
10	缺乏归属感	教育培训	线上发布信息与教学	技术工具与信息工具

注：根据本课题组田野调查数据整理所得。

从田野调查访谈的 10 个具体农民工返乡创业的经典案例中，可以发现以下几个特征：

(1) 农民工返乡创业原因多样

农民工返乡创业原因各异，各有不同。从访谈的 10 个创业典型案例返乡原因来看，既有返乡照顾未成年子女与生病老人（案例 2 与案例 3）、被裁员（案例 9）等客观原因，也有乡土难离的乡土情结（案例 1、案例 4、案例 7）、城市的难以融入（案例 6）、缺乏归属感（案例 10）、不满足打工生活现状（案例 5）以及继承家业（案例 8）等主观原因。在多种原因的共同作用下，使得农民工最终下定决心返乡创业。

(2) 返乡创业项目与外出务工经历高度相关

从农民工返乡创业项目来看，涉及范围较广。从种植养殖（案例 4、案例 7、案例 8）到产品代加工（案例 3），从产品创意设计（案例 5）到物流运输服务（案例 6），从海鲜、瓜果、蔬菜与饮食（案例 1、案例 2、案例 4）到箱包（案例 9），可以认为是农民工外出务工的延续。

(3) 互联网在农民工返乡创业中作用凸显

可以看到，在 10 个典型农民工返乡创业案例中，所有创业方式与互联网使用都存在或多或少的联系。正如前文所述，互联网具有"信息工具"与"技术工具"功能。部分返乡农民工使用互联网"信息工具"发布产品需求与供给信息（案例 1、案例 3、案例 4、案例 5、案例 6、案例 8、案例 9），寻找创业合作机会。另有部分农民工使用互联网"技术工具"筹资（案例 7）、进行在线直播（案例 1、案例 10）、运营自媒体（案例 2）以及从事电商交易活动（案例 5、案例 6、案例 8、案例

9)。事实证明,互联网"信息工具"与"技术工具"在农民工返乡创业过程中发挥了重要作用。

(4) 返乡创业反哺家乡发展意愿强烈

在返乡创业的农民工大军中,不乏创业成功的案例。返乡创业成功的农民工表现出了"一人富了不算富,大家富了才算富"的可贵品质,在自己创业成功后,不忘乡亲,带动大家共同走上富裕道路。通过成立合作社(案例8)、解决乡亲就业(案例4、案例5、案例6、案例7)等具体方式实现"先富带动后富"目标,这也在一定程度上实现了农民工返乡创业助力乡村振兴的政策设计初衷。

(5) 农民工返乡创业有其自身局限

农民工利用外出务工所获得的资金或者技术返乡创业,开展经营,对当地经济发展起到了积极的促进作用。但是,也应该看到,农民工返乡创业也存在自身局限性。首先,从农民工文化层次与整体素质来看,农民工进城务工期间,阅历与能力得到了一定程度的提高,但是受到受教育程度与知识水平的限制(案例1、案例3、案例5、案例6),返乡农民工在经营战略与理念、产品研发与创新等方面存在着先天的不足。其次,从企业竞争力来看,农民工返乡创业企业多为家族式的小微企业(案例1、案例3、案例7、案例10),规模相对较小,所生产产品技术含量不高,附加值较低,同质性较强,在激烈的市场竞争中处于不利地位。最后,从发展前景来看,农民工在返乡创业过程中缺乏长期战略目标,短期行为较为普遍,难以应对创业后期的市场考验。在课题组田野调查访谈中也发现有返乡创业失败的农民工继续外出务工的案例。

◎ 7.3 本章小结

本章选取了课题组在田野调查访谈中的10个较为典型的农民工返乡创业案例进行了分析,发现农民工返乡创业原因各异,既有返乡照顾未成年子女及年迈父母的责任担当,又有对家乡眷恋或对城市融入困难的艰难取舍,在多种原因的共同作用下使得农民工放弃外出务工而选择返乡创业。在创业项目选择上,可以看到项目多与其外出务工经历有关,外出务工经历为农民工返乡创业奠定了资金和技术基础。在创业过程中,互联网作为"信息工具"的信息获取与发布以及作为"技术工具"的筹资、直播与交易功能在农民工返乡创业中作用突出,互联网"信息工具"与"技术工具"为农民工返乡创业提供了有力的工具支撑。返乡创业成功的农民工表现出了朴素的乡土情结,反哺家乡发展意愿强烈,通过组建农业合作社或者为乡亲提供就业岗位等方式,为实现共同富裕目标贡献着自己的力量。需要指出的是,农民工返乡创业也存在着文化层次与整体素质不高、产品附加值与技术含量较低以及长期目标缺失等自身局限性。

本章附录

互联网的使用对农民工返乡创业影响研究

调研问卷

尊敬的农民工兄弟(姐妹):

您好!

我们是"'互联网+'环境下农民工返乡创业行为影响因素及政策支持研究"课题组,正在进行关于农民工互联网使用与返乡创业的调查。此次调查的目的在于收集农民工互联网使用及返乡创业基本信息,了解农民工互联网使用特征及返乡创业影响因素。本次调查为匿名调查,收集的信息仅限于学术研究使用,请您根据实际情况填写。再次感谢您的支持!

注:本问卷包括客观问题与主观问题两个部分。

第一部分 客观问题部分

一、调研对象基本情况

1　您的性别:□男 □女

2　您的年龄:□小于20岁□20~30岁□31~40岁□41~50岁□51~60岁□大于60岁

3　您的文化程度:□文盲/半文盲 □小学 □初中 □高中(职高、技校等)□大专 □本科 □研究生

4　您的婚姻状况:□已婚 □未婚

5　您的身体状况:□健康 □良好(但小病不少) □一般(小病很多)

二、调研对象互联网使用情况

1　您使用互联网的方式:

□电脑上网 □手机上网 □二者兼而有之

2　您使用互联网主要目的是:

□社交 □娱乐 □学习 □商业活动 □其他

3　您使用互联网的频次：

☐几乎每天　☐一周3～4次　☐一周1～2次　☐一个月2～3次　☐一个月1次　☐几个月1次　☐从不

4　您每天上网的时长：

☐1个小时以内　☐1～3小时　☐3～5小时　☐5～8小时　☐8小时以上

5　您在查找信息时首选：

☐报纸与杂志　☐电视　☐广播　☐问身边的朋友和亲戚　☐互联网

6　您认为互联网在您学习、生活与工作中的重要性：

☐非常重要　☐重要　☐一般　☐不重要

7　您认为互联网与创业：

☐没有关系　☐有关系

三、调研对象返乡创业情况

1　您外出打工时间：☐1～2年　☐3～5年　☐6～10年　☐10年以上

2　返乡前您外出务工地点：

☐长三角地区　☐珠三角地区　☐华北地区　☐东北地区　☐中西部地区

3　返乡前您主要从事：

☐采矿业　☐制造业　☐建筑建材业　☐交通运输业　☐批发零售业

☐住宿餐饮业　☐农产品加工或规模种植养殖业　☐房地产业　☐其他

4　返乡前您务工单位的性质：

☐国有企业　☐民营企业　☐个体户　☐外资企业　☐其他

5　返乡前您的职业身份：

☐生产运输设备操作人员　☐后勤服务人员　☐办事人员　☐商业和服务业人员　☐农林牧渔水利生产人员　☐专业技术人员　☐管理人员　☐单位负责人

6　返乡前您务工月收入：

☐3000元以下　☐3000～6000元　☐6000～10 000元　☐10 000元以上

7　返乡创业后，每月的收入：

☐3000元以下　☐3000～6000元　☐6000～10 000元　☐10 000元以上

8　最近一次您返乡的原因：

☐企业停产　☐被解雇　☐劳动合同到期后企业不再续签　☐行业普遍不景气　☐无法找到合适的工作　☐收入不高　☐国家对返乡创业扶持力度很大　☐想回老家就业　☐家庭因素（照顾老人、未成年子女等）　☐其他原因

9 返乡对您的心态影响:
□感到很焦虑 □感到很迷茫 □对未来持乐观态度 □没有什么影响

10 您是否还要打算再次出去务工?
□没有 □有 □说不清楚

11 您打算再次出去务工的原因是:
□本地经济不景气赚不到钱 □家里琐事太多 □在外务工更轻松 □其他

12 您打算创业吗?
□有 □没有

13 您不打算创业的原因:
□没有经验 □找不到创业项目 □缺乏启动资金 □担心失败 □现在过得挺好的 □其他原因

14 您现在正在创业吗?
□是 □否

15 您的创业动机:
□不愿意为别人打工 □照顾家庭 □创业可能会获得更高的收入 □发挥个人特长 □外出就业太难了

16 您现在的创业领域:
□采矿业 □制造业 □建筑建材业 □交通运输业 □批发零售业 □住宿餐饮业 □农产品加工或规模种植养殖业 □房地产业 □其他

17 您现在的创业形式:
□合伙创业 □家庭创业 □个人单干

18 您目前创业方面的知识与技能能够满足创业需要吗?
□完全满足 □基本满足 □不满足 □不是很清楚

19 您初始创业投资额度为:
□2万元以下 □2~5万元 □5~10万元 □10~30万元 □30~50万元 □50~100万元 □100万元以上

20 您初始创业资金主要来源于:
□全部为自有资金 □亲朋好友借款 □一般银行贷款 □私人高利贷 □政府优惠贷款 □合伙集资 □其他

21 您目前创业中最需要得到的帮助是:
□资金 □政府支持政策 □创业知识与技能培训 □其他

22　您认为创业成功应该具备的心理素质：

□进取心　□自信心　□冒险精神　□风险承受　□不断努力　□坚持　□其他

23　您认为创业成功应该具备的能力素质：

□机会识别能力　□管理组织能力　□应变能力　□合作能力　□学习能力　□社交能力　□融资能力　□创新能力　□风险管理能力　□其他

24　您在创业过程中希望政府提供的优惠政策：

□土地使用优惠政策　□信用担保政策　□财税优惠政策　□劳动扶持政策　□风险补偿政策　□费用减免政策　□创业基金　□其他

25　您认为创业最大的阻碍是：

□缺少创业经验　□没有好的项目　□创业信心不足　□创业风险太大　□缺乏创业知识与技能　□缺乏社会关系　□资金不足　□没有市场　□其他

26　您认为创业是否需要培训？

□非常需要　□需要　□不需要　□都可以

27　您认为返乡创业者需要哪些知识与技能的培训？

□经营管理知识　□税费知识　□产品销售知识　□财会知识　□其他知识

28　您对政府扶持创业政策是否了解？

□很熟悉　□比较了解　□不是很了解　□不清楚

第二部分　主观问题部分

1　您是否已返乡创业？（回答"是"则继续提问 2~10 问题，回答"否"则询问是否有返乡创业的打算？具体如何考虑？结束访谈）

2　您能不能和我们分享一下您的创业过程？

3　在创业过程中，您最难忘的一件事是什么？为什么？

4　在创业过程中，您遇到最大的困难是什么？为什么？

5　在创业过程中，您认为谁对您的帮助最大？为什么？

6　您有什么创业经验与未来的返乡农民工创业者分享吗？

7　您认为促使您返乡创业的最大动力是什么？

8　推动您在创业路上继续走下去的力量是什么？

9　您是否对您返乡创业感到后悔？是否想过退出？

10　您能否用一句话评价一下您返乡创业行为？

8 互联网的使用助推农民工返乡创业支持体系构建

实证分析与规范分析是两种最基本的分析方法。如果将前面章节的分析方法界定为实证分析,回答"是什么"的问题,那么本章则为规范分析,回答"应该是什么"的问题,也就是应该如何支持农民工返乡创业。本部分共分为3节内容:第一节主要从国家层面与省级层面梳理了农民工返乡创业支持政策;第二节主要基于农民工、政府与社会三个角度构建"三位一体"农民工返乡创业支持体系;第三节为本章小结。

◎ 8.1 农民工返乡创业支持政策梳理

8.1.1 国家层面的农民工返乡创业支持政策

2008年以来,党中央、国务院高瞻远瞩,结合我国农业、农村与农民的"三农"发展实际,制定出台了一系列支持农民工返乡创业的政策文件,对农民工返乡创业起到了积极的促进作用。部分代表性文件如表8-1所示。

表8-1 国家支持农民工返乡创业扶持政策文件

文件	颁布时间	主要内容
《关于切实做好当前农民工工作的通知》	2008.12	做好农民工返乡创业的金融服务工作,加大金融机构信贷扶持力度
《关于2009年促进农业稳定发展农民持续增收的若干意见》	2008.12	落实创业相关扶持政策,在贷款发放、税收减免、工商登记以及信息咨询等方面积极支持
《关于加大统筹城乡发展力度进一步夯实农业农村发展基础的若干意见》	2009.12	大力扶持返乡农民工就地创业

续表 8-1

文件	颁布时间	主要内容
《关于加快水利改革发展的决定》	2010.12	促进农村发展，完善农民返乡创业环境
《关于加快发展现代农业进一步增强农村发展活力的若干意见》	2012.12	培育新型农民职业人才，对符合条件的返乡农民工给予政策支持
《关于全面深化农村改革加快推进农业现代化的若干意见》	2014.01	巩固农村生态环境保护，加强土地改革，加快农村地区经济发展，鼓励农民工返乡创业
《关于支持农民工等人员返乡创业的意见》	2015.06	积极引导农民工返乡创业，实施减税降费政策
《关于进一步做好新形势下就业创业工作的意见》	2015.05	顺应"双创"政策，鼓励创业带动就业
《关于结合新型城镇化开展支持农民工等人员返乡创业试点工作的通知》	2015.12	加强硬件环境设施建设，完善创业体制机制，做好农民工等返乡人员创业试点工作
《关于实施农民工等人员返乡创业培训五年行动计划（2016—2020年）的通知》	2016.06	加强创业培训、创业教育、资格考评、试创业、创业帮扶
《关于支持返乡下乡人员创业创新促进农村一二三产业融合发展的意见》	2016.11	加大创业金融支持力度，强化财政扶持作用，完善社保，扶持返乡人员发展
《关于深入推进农业供给侧结构性改革加快培育农业农村新动能的若干意见》	2016.12	多渠道促进农民工就业，鼓励各类人才回乡就业，带动农村经济发展
《关于实施乡村振兴战略的意见》	2018.01	大力培育新型职业农民新主体，扶持小农户，激活农村发展新动能
《关于坚持农业农村优先发展做好"三农"工作的若干意见》	2019.01	建立乡镇就业创业引导基金，解决用地难、信贷难等问题
《关于抓好"三农"领域重点工作确保如期实现全面小康的意见》	2020.01	培育家庭农场、农民合作社等新型农业经营主体，培育农业产业化联合体
《关于全面推进乡村振兴加快农业农村现代化的意见》	2021.01	发展农村数字普惠金融，开展农户小额信用贷款、信用贷、保单质押贷款、农机具抵押贷款的业务

注：根据相关文件整理所得。

8.1.2 江苏省的农民工返乡创业支持政策

为响应中央提出的大力支持农民工返乡创业的号召,进一步落实国家相关政策文件要求,江苏省政府根据本省经济社会发展实际情况,先后出台《省政府关于进一步加强为农民工服务工作的实施意见》等多项扶持农民工返乡创业政策文件,如表8-2所示。

表8-2 江苏省部分支持农民工返乡创业扶持政策文件

文件	颁布时间	主要内容
《省政府关于进一步加强为农民工服务工作的实施意见》	2015.07	进一步提升为农民工服务工作水平,让广大农民工共享改革发展成果,鼓励和支持农民工返乡创业
《江苏省政府办公厅关于支持农民工等人员返乡创业的实施意见》	2015.09	支持农民工、大学生、退役士兵等人员返乡创业,激发全民创业活力,带动就业和增加居民收入
《省政府办公厅关于支持返乡下乡人员创业创新促进农村一二三产业融合发展的实施意见》	2017.02	支持农民工、中高等院校毕业生、退役士兵和科技人员等返乡下乡人员到农村创业创新,推进农业供给侧结构性改革,推动农村一二三产业融合发展,促进农民就业增收
《江苏省人民政府关于深入推进大众创业万众创新发展的实施意见》	2018.08	优化双创生态环境,加快发展新经济,培育发展新动能,构筑双创新引擎,充分发挥双创在新旧动能转换过程中的战略支撑作用
《省政府办公厅关于印发江苏省职业技能提升行动实施方案(2019—2021年)的通知》	2019.08	大规模开展职业技能培训,不断提升农民工等主体职业技能水平
《省政府关于印发江苏省全民科学素质行动规划(2021—2035年)的通知》	2021.11	提升公众终身学习能力,增创未来竞争新优势,每年资助2万名农民工和一线职工提升学历

注:根据相关文件整理所得。

可以看到,无论是国家层面还是省级层面的返乡农民工创业支持政策文件都具有以下几个特征:① 政策文件紧紧围绕农民工主体展开,突出农民工主体性特征,以农民工为出发点与落脚点,全力支持有条件的农民工返乡创业,对于不具备条件的农民工,积极创造条件为其返乡创业做准备;② 政策文件内容涉及面较广,既包括农民工返乡创业前期规划、中期实施以及后期发展的全过程,又包括创业机会识别引导、财政资金支持、创业环境改善、农民工职业能力培训与提升、创业体制机制革新以及综合服务体系构建等具体问题,几乎包含了农民工返乡创业的各个方面,内容极为丰富;③ 国家级农民工返乡创业支持政策主要是由国务院及其下属农业农村部等部委出台,规定了支持农民工返乡创业的指导思想、工作目标以及主要任务等内容。省级农民工创业支持政策文件主要是由省政府及其农业农村厅等厅局出台,具体内容是结合当地实际情况,对国家级政策文件规定的农民工返乡创业指导思想、主要目标与任务的落实与细化,有助于具体目标与任务的分解与执行。

总体来看,中央与地方政府及其管理部门关于农民工返乡创业的政策文件数量较多,体系完整,内容丰富,为农民工返乡创业提供了有效的制度保障。需要特别指出的是,在现有政策文件中,有关互联网对农民工返乡创业的支持政策偶见于上述文件条款规定中,较为零散,缺乏系统性,需要进一步完善,及时出台政策文件。本书通过研究后,草拟了《关于提升江苏省农民工信息化能力的建议》文稿(参见本章附录部分),通过提升江苏省农民工信息化能力,掌握互联网"信息工具"与"技术工具"的的使用方法与技巧,助力农民工返乡创业,不失为一种大胆的尝试。

8.2 农民工返乡创业支持体系

支持农民工返乡创业是一项系统工程,需要包括农民工自身、政府以及社会等多方主体共同参与,共同努力,共同全力打造"三位一体"支持体系(图8-1),在"三位"中,农民工以自我提升为核心,政府以满足农民工需求为中心,社会以农民工返乡创业氛围营造为重点,全力助推农民工返乡创业。

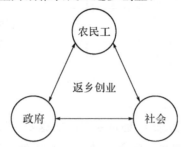

图8-1 农民工返乡创业"三位一体"支持体系

8.2.1 农民工自身层面——以自我提升为核心

从内因与外因关系角度分析,农民工能否返乡创业的关键在于其自身观念是否发生转变,以及能力是否得到提升。在此过程中,充分发挥互联网"信息工具"与"技术工具"作用,深入挖掘互联网平台优势与功能,使得农民工转变观念,不断提升个人能力。主要可以从以下几个方面着手:

(1) 依托在线教育资源,提升自主学习能力

伴随着互联网的不断深入普及,"双创"在内的线上教学资源得到了前所未有的丰富,在数量与体量上都已经形成了一定规模,为农民工自我能力提升提供了一条新路径。区别于学历教育的外力驱动,在线学习教育则是以农民工更多地满足自身工作需要或者寻求改变与突破的内在动力为牵引,农民工可以使用PC电脑端或者移动手机端登录在线教学平台、移动App以及专业在线教育软件,自主学习创业所需要的知识与技能。概括起来就是:以在线教育资源为基础,以内在需求为动力,以自主学习能力提升为目的,树立学习就会有更多的机会改变自己的理念,利用互联网教学资源,随时学习、终身学习,只有不断学习,才能更新创业观念,抓住创业机遇,实现自我人生价值。

(2) 参加政府免费培训,识别把握创业机会

围绕"大众创业万众创新"战略,国家相继出台了《关于深化体制机制改革加快实施创新驱动发展战略的若干意见》《关于大力推进大众创业、万众创新若干政策措施的意见》等一系列指导性文件[①]。地方各级政府为贯彻落实国家"双创"战略,推进"双创"落地,进一步激发当地市场潜力与活力,结合当地"双创"工作实际,举办了线上线下结合、形式多种多样的免费培训会、交流会与座谈会,农民工参加这些会议能够获取国家关于创新创业的最新政策,结识更多志同道合的创业伙伴,在交流中探讨创业知识、技能与方法,进一步拓宽视野,增长见识,启发"双创"思维,激发"双创"斗志,识别把握创业机会,增强创业的自觉性与主动性。

(3) 学习创业典型模范,谨慎合理选择创业

众所周知,榜样的力量是无穷的。在当前"双创"背景下,涌现出一大批返乡"双创"典型人物与成功案例,学习农民工返乡创业先进典型模范,主动汲取成功创业经验与失败教训,结合自身特点与家庭实际情况,综合考虑自己是否已经具备创

---

① http://www.xinhuanet.com/politics/2015-12/09/c_128511413.htm

业的基本条件以及准备创业情况下的创业项目选择等一系列现实问题。在创业实施过程中,避免创业项目与模式的单一与雷同,在选择创业项目时,关注创业项目的特色与亮点。与此同时,避免冲动型创业情况的发生,风险与创业相辅相成,需要农民工个人综合权衡之后合理选择创业。

8.2.2 政府层面——以农民工需求为中心

农民工返乡创业离不开当地政府及其管理部门的支持与帮助,本小节基于满足农民工需求的角度,分别从"有效制度供给"、网络服务信息平台搭建、农民工"双创"能力提升、融资渠道拓宽以及创业环境优化五个方面阐述了政府及其管理部门的"任务清单",以便更好地为返乡农民工创业提供服务。

(1) 满足农民工需求,加大"有效制度供给"力度

在8.1节中,梳理了国家层面以及江苏省关于支持农民工返乡创业的政策文件,从宏观到微观,涉及内容非常广泛,既有原则性规定,又有具体的操作性指导。但是,在这里需要特别指出的是,对于上述文件的执行,是否达到预期效果?政府及其相关管理部门的政策供给与农民工政策需求之间是否匹配?匹配度如何?这都是需要政府及其管理部门认真研究与探讨的重要问题。本书认为相关制度出台必须以满足农民工需求为导向,加大"有效制度供给"。主要体现在:一方面,在参与主体方面,应该尽可能地征询农民工意见,广泛地开展实地调研,同时邀请研究农民工问题的专家学者积极参与其中,防止制度供给与需求相脱节;另一方面,在制度执行方面,政策措施落地非常重要,主要取决于制度内容本身是否具有可执行性以及在执行过程中的宽严程度。总之,"有效制度供给"对政府及其管理部门提出了更高的要求,针对农民工返乡创业具体政策,多方重视,多方参与,注重实效,这样才能达到制度出台的初衷。

(2) 借助网络新媒体,搭建"双创"服务信息平台

正如前文所述,互联网是集信息发布、获取以及交流的有效平台。但是,互联网信息资源非常丰富,浩如烟海的信息给农民工带来了一定的困难。鉴于此,地方政府及相关管理部门针对农民工对"双创"特定信息的需求,依托App、微信公众号、抖音以及专题网站等现代互联网媒体,开发设计登录简单、易于操作的服务信息平台成为一种必然选择。信息平台在内容上主要包括:"双创"政策解读、创业机会识别与推荐、"双创"案例成与败、创业支持、创业风险提示与预警、市场供求信息、产品信息发布、种植与养殖生产技术以及专家释疑等板块,为潜在农民工创业

者提供全过程、全方位、多角度的信息服务。

进一步地,以信息服务平台为基础,对在平台注册的潜在农民工创业者建立个人信息档案,及时了解并掌握农民工创业者个人与家庭基本信息、创业意愿与想法以及创业项目与进程等信息。根据农民工档案记录的动态信息,提供更有针对性与时效性的信息。同时,建立农民工信息双向反馈机制,避免信息单向无效传递,给农民工造成信息困扰与负担,杜绝"把好事做成坏事"情况的发生。农民工个人信息档案的建立有助于互联网"双创"信息资源的共享,也有利于对本地农民工创业心理、可能存在的问题以及创业状态在总体上进行把握,进行更为有效的信息沟通与反馈,不断提升信息服务质量与水平,为潜在创业农民工提供更为优质的信息服务。

(3) 强化线上教与学,提升农民工"双创"能力

农民工"双创"能力的提升,离不开地方政府及相关管理部门的培育与引导。众所周知,农民工常年忙碌,少有时间参与集中学习,将农民工成规模地组织起来集中培训实在是一件较为困难且不容易实现的事情。然而,互联网作为重要的在线教育技术工具,应该发挥其在提升农民工"双创"能力中应有的积极作用。本书认为,主要应该做好以下三个方面的工作:首先,搭建"双创"在线教育资源共享平台。互联网时代背景下,利用互联网平台提升农民工"双创"能力是一种必然选择。以"慕课(MOOC)"技术为代表的在线教育方法将教育由线下转移到线上,以轻松活泼、易学易懂的形式,汇集创新创业精品课程、"双创"电子书以及视频及讲义等资源。通过在线资源的共享与学习,进一步丰富了农民工"双创"知识,为农民工返乡创业提供了知识储备。其次,搭建"双创"能力提升的咨询与交流平台。借助农民工创业App、微信朋友圈以及QQ群等互联网工具开展线上创业咨询与指导,及时解答农民工创业疑虑、心理困惑以及社交恐惧等问题。通过与潜在农民工创业者的交流,帮助他们重塑对待创业问题的思考方式,调整认知偏差,纠正其在创业过程中的一些错误认识,帮助农民工形成积极向上的创业个性。最后,建立"双创"能力提升激励平台。农民工"双创"能力的提升需要得到政府及其管理部门的认可,激励平台会对积极参与培训学习的农民工给予精神与物质奖励。如修满学分给予现金奖励,同时给予职业资格认定并以表彰。也可以采用积分制度,对获得积分的农民工在子女入学、医疗保障等方面给予优惠。通过种种激励措施,不断激励农民工提升"双创"能力,最终,在条件成熟的情况下,农民工实现自主创业。

(4) 创新融资新方式,拓宽创新创业融资渠道

农民工返乡创业面临的一个重要问题是资金短缺。已有研究表明,农民工返乡创业所需资金主要依靠自己的储蓄与积累,但是,在很大程度上仍然无法满足创业需求。目前,解决农民工返乡创业所需资金问题主要依靠向亲戚朋友借款、抵押与质押贷款以及政府帮助等多种途径。互联网是否可以通过其"信息工具"与"技术工具"功能解决农民工返乡创业初创期资金需求问题?本书认为是可以的。主要包括搭建农民工返乡创业项目"众筹"平台、设立支持农民工返乡创业互联网基金以及建立农民工返乡创业合作互助基金。

搭建农民工返乡创业项目"众筹"平台。"众筹"即大众筹资,在我国香港被称为群众集资,在我国台湾被称作群众募资,主要是指利用互联网发布项目并募集所需资金,具有门槛低、种类多、靠大众、比创意以及看回报等特点,是互联网背景下一种全新的投资方式。地方政府及其相关部门可以使用"众筹"方法搭建农民工返乡创业项目平台,为资金需求者与供给者架起信息沟通桥梁。"众筹"项目的发起人为返乡创业农民工,也就是资金需求者。返乡创业农民工在平台上展示其创业项目并列明所需资金额度与相应回报率,只要在平台注册的用户均为潜在的项目投资人,也就是资金供给者,根据项目基本情况与市场潜力等因素综合判定是否投资,"众筹"项目即农民工返乡创业项目能否取得最终成果取决于资金需求者与供给者。

设立支持农民工返乡创业互联网基金。互联网基金是传统基金与网络相结合的时代产物。互联网基金凭借大数据、社交网络以及移动支付等现代信息技术,降低了成本,提升了效率。站在支持农民工返乡创业角度,政府及其相关管理部门可以出台政策优惠措施,鼓励成立资本公司,汇集网络闲散资金,建立支持农民工返乡创业的专项互联网基金。基金主要投向返乡农民工创业项目,缓解农民工创业资金困境。

建立农民工返乡创业合作互助基金。合作互助基金是一种合作金融组织,带有互帮互助性质。从资金来源角度看,区别于农民工返乡创业项目"众筹"平台与农民工返乡创业互联网基金平台,农民工返乡创业合作互助基金的资金主要来源于已经创业的农民工与即将创业的农民工,将农民工手中资金集中起来,对创业项目进行资金支持。合作互助基金明显具有的"孵化"作用与功能,为创业项目的顺利启动与开展,奠定了资金基础。

(5) 打造创业新环境,助力农民工返乡齐创业

目前,部分农村的现状是基础设施特别是网络基础设施相对落后,人口流失较为严重,农村中多为留守儿童、老人与妇女,对农民工返乡创业带来了一定的困难。因此,政府及其相关管理部门必须肩负起"筑巢引凤"的职责,进一步加强以互联网与物流为代表的基础设施建设,为即将返乡创业的农民工提供更多的便利。同时,完善返乡创业的公共服务体系,降低农民工返乡创业的门槛与成本,更好地引导当地农民工回乡创业。

8.2.3 社会层面——以营造氛围为重点

良好的"双创"氛围有助于农民工返乡创业。目前,由于受到固有思维影响等原因,部分地区良好的创业氛围与创业文化尚未形成,在一定程度上制约了农民工返乡创业的步伐。在创业氛围营造过程中,应充分发挥创业 App、微信公众号以及微博等互联网新媒体的积极作用,对宏观经济发展现状、返乡创业最新政策以及"双创"典型模范进行广泛宣传,营造凝心聚力、积极向上的浓厚创业氛围。使得"创业有功,致富光荣"理念深入人心,宣扬"不畏创业艰难、勇于开拓进取"观念,倡导"创业成功犹可喜,创业失败亦可敬""不以成败论英雄"的允许失败并宽容失败的社会态度,不应该只为创业成功者鼓掌,更应该为创业失败者点赞。同时,摒弃"小富即安,小富即满"思想,做到"奋发图强干大事,瞄准大事创大业",最终形成"创业走进千万家,幸福伴随你我他"的良好局面。

◎ 8.3 本章小结

本章首先从中央与地方(以江苏省为例)两个层面对农民工返乡创业支持政策进行了梳理与总结,发现关于互联网与农民工返乡创业政策文件内容丰富,体系完整。但是,有关互联网对农民工返乡创业的支持政策散见于各个文件条款中,缺乏系统性,需要进一步完善。本书进一步提出构建"农民工-政府-社会"共同参与、共同打造的"三位一体"互联网使用促进农民工返乡创业支持体系。在农民工自身方面,首先,依托在线教育资源,提升自主学习能力;其次,参加政府免费培训,识别把握创业机会;最后,学习创业典型模范,谨慎合理选择创业。在政府支持方面,第一,满足农民工需求,加大"有效制度供给"力度;第二,借助网络新媒体,搭建"双创"服务信息平台;第三,强化线上教与学,提升农民工"双创"能力;第四,创新融资

新方式,拓宽创新创业融资渠道;第五,打造创业新环境,助力农民工返乡齐创业。在社会支持方面,主要是通过线上线下相结合的方式营造良好的农民工返乡创业氛围,使得返乡农民工更有勇气开展创业活动。

本章附录

关于提升江苏省农民工信息化能力的建议

为推动信息化与农业现代化深度融合,积极推进"互联网+"行动,切实提高农民工使用 PC 端与手机移动端(以下简称"两端")现代信息技术,运用"两端"发展生产,便利生活,缩小城乡数字鸿沟,解决农民工信息能力弱势问题。从"两端"着手,全力提升我省农民工信息化能力,建议如下:

一、开展农民工"两端"知识培训

(一)基础知识普及培训

采取多种形式,开展农民工"两端"基础知识与基本使用技能普及培训。主要包括:查阅网站特定信息、阅读电子刊物、使用网络社交工具、收发电子邮件以及在线休闲娱乐等内容。积极鼓励"两端"设备生产商、网络运营商参与其中,提供资金与技术支持。探索政府、企业与地方高校多方主体参与的农民工"两端"培训长效机制,逐步走向制度化。

(二)实用技术知识培训

以满足广大农民工群体生产生活实际需求为出发点和落脚点,开展农民工"两端"应用能力培训。正式开展培训之前,深入基层调研农民工群体各类实际需求,确保培训的有效性与针对性。培训内容主要集中在以下几个方面:首先,运用"两端"开展建立网站、推广宣传、达成交易的电子商务技术与方法;其次,利用"两端"收集、整理与农民工密切相关的"三农"政策法规、返乡创业、农业技术、农产品质量、动植物疫病防控以及农业社会化服务等资源的技术与方法;再次,与乡村休闲农业、乡村旅游以及教育、文化、医疗等领域相关的"两端"应用技术与方法;最后,农业部门加强信息化建设与农民工"两端"应用相关的其他技术与方法。

二、强化农民工"两端"信息供给与获取能力

以农民工群体为主要服务对象,以"需求导向、政府引导、企业参与、精准对接"为原则,全力打造"全方位、多层次、全覆盖"的支持体系,大幅度提升我省农民工信

息供给与获取能力,农民工使用"两端"提供生产与服务信息,获取市场信息,努力推动农民工实现智能生产、运用网络营销、进行在线支付以及实行远程控制能力提升,使得"大、智、移、云、物"(即"大数据、人工智能、移动互联网、云计算以及物联网")新一代信息技术在农业生产、经营与管理等"三农"领域进一步普及与推广。面向农民工的各类政策咨询、生产服务以及户籍与社保等基本实现"两端"在线服务,为农民工信息化能力提升奠定基础。

三、完善农民工信息化能力提升激励机制

(一)举办江苏省农民工"两端"应用能力大赛

以增强农民工"两端"应用水平为目标,举办江苏省农民工"两端"应用能力竞赛,为广大农民工群体搭建一个展示技能与相互交流学习的竞赛平台。大赛分为预赛和决赛两个阶段。预赛由我省13个地级市农业部门组织实施,运用市场化原则办赛,可以先期组织培训。决赛由江苏省农业农村厅主办。竞赛内容分为理论与实务操作两个部分,分数比例分别为30%与70%。理论部分主要考察农民工对网络基本知识的掌握。重点为实务操作内容,主要考察农民工信息发布、信息查询与获取以及利用网络进行生产经营的能力与水平等内容。

(二)明确农民工"两端"应用水平提升考核措施

在农民工"两端"应用提升过程中,应防止农民工"两端"应用培训流于形式。一方面,对于积极参与培训的农民工在子女就业与入学、医疗与养老保障以及荣誉奖励等方面给予政策倾斜;另一方面,积极引导企业参与农民工"两端"能力提升计划,对于开展农民工"两端"提升项目的企业在人才引进、税收缴纳以及业务拓展等方面给予政策支持。全面落实落细农民工"两端"应用提升计划。

四、构建农民工信息化能力提升的支持体系

在顺应信息化发展大趋势下,农民工信息化能力提升体系的构建必须以现有培训渠道与服务体系为基础。第一,依托现有农民教育培训体系。省农业农村厅以及市县农业农村局所属相关机构应发挥主力军作用,结合自身特点开展培训活动。第二,借助现有农业培训项目。包括新型职业农民培育、农村实用人才带头人以及农技推广骨干人才培养等项目,将农民工"两端"应用纳入培训范围,增加相应理论与实践课程,丰富培训内容。第三,使用县乡基层农业服务体系与平台。农民工"两端"应用培训主要由基层县乡农技推广机构具体组织实施。同时发挥12316服务体系的作用,为农民工"两端"应用培训提供相应指导。第四,利用现代信息技术。充分利用线上课堂、网络自媒体、微博与微信以及抖音、快手直播等现

代信息技术手段,采用喜闻乐见的方式进行培训,支持鼓励开发PC端培训软件与移动端App,建立农民工"指尖上的培训班"。第五,关注企业的市场主体作用。企业是农民工"两端"应用能力提升培训的重要市场力量,发挥着不可替代的作用。建立政府统筹、市场主导的培训模式,积极组织相关企业进行农民工"两端"应用能力培训课程开发以及承办培训等工作。

五、营造农民工信息化能力提升的良好氛围

充分利用网络、电视、报纸与期刊、微博、微信等线上线下媒体工具,对农民工信息化能力提升工作广泛开展宣传,增强社会的关注度。逐步引导农民工树立"技术成就梦想"的"两端"应用意识,积极参与培训,提升"两端"应用能力。

9 结论与展望

本章是全书最后一部分内容，主要是对研究内容进行总结，具体包括互联网的使用对农民工返乡创业影响研究结论与今后研究工作展望两部分。

◎ 9.1 研究结论

本书在 1.2.1 节中确定的研究目标为：明晰农民工互联网的使用与返乡创业特征；厘清互联网的使用对农民工返乡创业的内在逻辑关系；明确互联网的使用对农民工返乡创业的直接与间接影响机制与路径；构建互联网使用助推农民工返乡创业的支持体系。研究后得到以下研究结论：

第一，以中国家庭追踪调查（CFPS）2018 年数据为基础，筛选整理出包括 831 个农民工个体的样本数据集，分析后发现农民工互联网使用具有以下几个特征：首先，从农民工互联网使用行为特征来看，相较于女性农民工，男性农民工更倾向于互联网使用。相较于电脑上网，使用手机上网的农民工更为普遍。具有初中与高中（含中专、技校与职高）文化程度的 20 岁至 40 岁农民工互联网使用的主要人群。其次，从农民工对互联网使用的认知来看，超过半数（50.78%）的样本农民工已经认识到了互联网作为信息渠道的重要性。最后，从互联网具体使用用途来看，多数农民工将互联网用来社交与娱乐，几乎每天或者一周 3~4 次使用互联网进行社交或者娱乐的农民工占比分别为 78.77% 与 69.15%。按照农民工对互联网使用用途频率依次排序为：社交、娱乐、工作、学习与从事商业活动。使用互联网从事商业活动的农民工比例为 18.87%，远低于使用互联网进行社交或者娱乐的比例。

农民工返乡创业具有以下几个特征：首先，相较于女性农民工，男性农民工更有可能创业；其次，31 岁至 40 的岁农民工也就是通常所说的"新生代"农民工是农民工返乡创业的主力军；最后，具有初中与高中（含中专、技校与职高）文化程度的农民工创业概率更高。

第二，互联网具有"信息工具"与"技术工具"的属性。互联网作为"信息工具"与"技术工具"使用在直接与间接两个层面对农民工返乡创业产生影响。互联网

"信息工具"使得信息资源更加丰富,信息获取与交流渠道更加趋于多元化,信息传播速度更加迅速。同时,互联网"技术工具"也在一定程度上改变了人们认识世界与改变世界的方法与手段,在打破原有平衡的基础上,新产品、新服务、新产业以及新模式不断涌现。互联网"信息工具"与"技术工具"的使用有助于创业机会识别、创业成本分摊与控制以及创业风险规避,进而直接影响农民工返乡创业。与此同时,通过对潜在创业者社会资本、人力资本、金融资本的影响,从而对农民工返乡创业产生间接影响。

第三,借鉴已有研究成果,建立 probit 计量经济模型,实证检验互联网的使用对农民工返乡创业的影响。在处理了互联网使用与农民工返乡创业可能存在反向因果关系与样本选择偏差引起的内生性问题之后,回归结果表明:互联网使用对农民工返乡创业产生了显著的直接影响。相较于不使用互联网的农民工,使用互联网的农民工返乡创业的概率更高。互联网作为"信息工具"与"技术工具"的功能属性明显。进一步地,从群体异质性来看,互联网的使用对具有初中学历的40岁以下男性农民工返乡创业影响最为显著;从信息渠道来看,相较于电视、报纸与期刊、广播以及手机短信等信息渠道,互联网与他人转告两个信息渠道对农民工返乡创业选择产生了显著的正向影响,同时可以看到,他人转告信息渠道的作用弱于互联网信息渠道;从"技术工具"使用来看,互联网"技术工具"显著促进了农民工返乡创业,对农民工返乡创业产生了积极的正向影响。

从互联网的使用对农民工返乡创业的间接影响来看:首先,互联网的使用使得返乡农民工积累了更多的社会资本,有助于返乡农民工获取创业信息,发现创业机会,对农民工返乡创业起到积极的促进作用;其次,互联网的使用进一步提升了返乡农民工的人力资本,互联网"信息工具"与"技术工具"对农民工人力资本提升作用明显,人力资本的提升促进了农民工返乡创业;最后,互联网的使用促进了金融资本的增加,为农民工返乡创业奠定了资金基础,提供了有效的资金保障,推动了农民工返乡创业。在第 3 章 3.3 节提出的"社会资本对互联网的使用与农民工返乡创业的关系起到中介作用""人力资本对互联网的使用与农民工返乡创业的关系起到中介作用""金融资本对互联网的使用与农民工返乡创业的关系起到中介作用"三个理论假设均得到了验证。

第四,分析 10 个田野调查访谈案例后发现:在返乡创业原因方面,农民工返乡创业原因多样,既有返乡照顾未成年子女与生病老人、被裁员等客观原因,也有乡土难离的故乡情结、城市的难以融入、缺乏归属感、不满足打工生活现状以及继承家业等主观原因;在创业项目选择方面,农民工返乡创业项目与外出务工经历高度相关,在一定程度上是外出务工的延续;在具体创业方式上,创业项目都和互联网"信息工具"与"技术工具"相关,部分农民工从线上获得创业项目信息,发布产品需求与供给信息,部分返乡农民工使用互联网进行生鲜、箱包等电商业务,线上线下结合进行创业活动。

第五,对农民工返乡创业支持政策进行了梳理与总结后发现:农民工返乡创业政策文件内容丰富,体系完整。但是,有关互联网对农民工返乡创业的支持政策散见于各个文件条款中,缺乏系统性,需要进一步完善。提出构建"农民工-政府-社会"共同参与、共同打造的"三位一体"互联网使用促进农民工返乡创业支持体系。在农民工自身方面,首先,依托在线教育资源,提升自主学习能力;其次,参加政府免费培训,识别把握创业机会;最后,学习创业典型模范,谨慎合理选择创业。在政府支持方面,第一,满足农民工需求,加大"有效制度供给"力度;第二,借助网络新媒体,搭建"双创"服务信息平台;第三,强化线上教与学,提升农民工"双创"能力;第四,创新融资方式,拓宽创新创业融资渠道;第五,打造创业新环境,助力农民工返乡齐创业。在社会支持方面,主要是通过线上线下相结合的方式营造良好的农民工返乡创业氛围,加快农民工返乡创业步伐。

◎ 9.2　研究展望

本书以 CFPS 数据与课题组田野调查数据为基础,较为系统地研究了互联网的使用对农民工返乡创业的影响问题。在直接影响机制与路径方面,互联网使用通过创业机会识别、创业成本分摊与控制以及创业风险规避对农民工返乡创业产生影响;在间接影响机制与路径方面,互联网使用通过社会资本积累、人力资本提升以及金融资本变化对农民工返乡创业产生影响。本项研究对互联网的使用与农民工返乡创业进行了初步研究,得到了一些关于互联网的使用与农民工返乡创业有价值的研究结论,限于时间与数据可获得性等方面的问题,本课题研究仍有需要进一步完善与充实的内容。

第一,互联网的使用对农民工返乡创业影响的理论分析方面。本书对互联网的使用影响农民工返乡创业理论分析更多的是采取语言描述与逻辑推导的形式展开,缺少数理模型的支撑,数理分析相对较少,理论深度有待进一步拓展。借鉴现有文献,建立互联网的使用与农民工返乡创业数理分析模型,在数理逻辑层面探讨互联网的使用对农民工返乡创业的影响问题，这是今后一段时间的一个重要的努力方向。

第二，对互联网使用的认识与理解方面。在第1章1.4.2小节中，参照已有文献研究成果，将互联网的使用界定为电脑上网与手机上网两种形式，体现互联网的"信息工具"与"技术工具"功能。但是，不可否认的是，不同专家学者对互联网的使用可能会有不同的见解，除了电脑上网与手机上网之外，是否还有其他形式的互联网使用形式？这也是本书下一步需要进一步探讨的主要研究内容。

第三，对农民工返乡创业的认识与理解方面。在第1章1.4.3小节中，分别从创业主体、创业时间、创业地点以及创业形式四个方面进行了界定。其中，在创业时间上，本研究对农民工返乡后立即创业与返乡后经过一段时间再创业未做明确区分，而是统一认定为返乡创业。同时，在创业形式上，本研究将创业界定为从事非农领域的私营企业、个体工商户以及其他自雇工作等形式，并未做进一步细分。这为今后进一步深入细致地研究互联网的使用对农民工返乡创业的影响留下了研究空间。

第四，互联网的使用对农民工返乡创业的影响机制与路径方面。本书分别从创业机会识别、创业成本分摊与控制、创业风险规避三个直接影响路径以及社会资本积累、人力资本提升、金融资本变化三个间接影响路径探讨互联网的使用对农民工返乡创业的影响。在这三条直接影响路径与三条间接影响路径之外是否还存在其他影响路径？影响机理又是什么？比如互联网使用是否会影响创业意愿？是否会影响创业绩效？是否会影响创业激情？内在影响机理又是什么？这些都是今后需要研究与重点思考的内容。

第五，互联网的使用助推农民工返乡创业支持体系方面。本书构建了"农民工-政府-社会"共同参与的"三位一体"的支持体系。关键问题在于"农民工-政府-社会"三方主体如何统一步调行动，协同发力提升？这也是在今后的研究工作中需要深入考虑的问题。

总之，互联网的使用与农民工返乡创业研究不仅非常有趣，而且具有理论与现实意义。需要全方位、多层次、宽领域地深入研究与探讨。本书仅仅是一个开头，起到抛砖引玉的作用，通过不断探索互联网的使用与农民工返乡创业的内在关系及其规律，为"双创"战略与乡村振兴战略的实施提供理论依据与现实支撑。

参考文献

专著：

[1] 操家齐.农民工创业政策创新实证研究[M].长春:吉林大学出版社,2021.

[2] 李玫.民族地区女性农民工返乡创业问题研究[M].北京:中国社会科学出版社,2014.

[3] 李飚.互联网对劳动力市场的影响[M].北京:社会科学文献出版社,2020.

[4] 刘畅.乡村振兴背景下农民工返乡创业研究[M].北京:中国农业出版社,2020.

[5] 邱卫林.赣南等原中央苏区农民工返乡创业的影响因素与政府扶持机制优化研究[M].上海:立信会计出版社,2018.

[6] 熊智伟.农民工返乡创业决策影响因素研究[M].北京:经济管理出版社,2014.

[7] 周宇飞,张国政.农民工返乡创业与新时代乡村文化建设耦合机制研究[M].北京:经济管理出版社,2020.

[8] 朱红根.农民工返乡创业行为意愿、绩效评价与政策优化[M].北京:经济科学出版社,2013.

[9] 郑小强,王雨林.农民工创业教育:系统解构、支撑体系与绩效评价[M].成都:四川大学出版社,2021.

学位论文：

[1] 程伟.农民工返乡创业研究[D].咸阳:西北农林科技大学,2011.

[2] 黄晓勇.基于结构化视角的农民工返乡创业研究——以重庆为例[D].重庆:重庆大学,2012.

[3] 郭梦.陕西农民工返乡创业行业选择的影响因素研究[D].西安:西安外国语大学,2016.

[4] 郭群成.返乡农民工创业行为研究[D].咸阳:西北农林科技大学,2011.

[5] 李建泽.社会网络对农民工返乡创业决策的影响研究——基于福建省四县338份调研数据分析[D].福州:福建农林大学,2020.

[6] 罗军.资源禀赋差异与新生代农民工创业决策研究[D].广州:华南农业大学,2017.

[7] 秦悦.农村信息化建设对农民工返乡创业的作用研究——以山西省大宁县乐堂村为例[D].咸阳:西北农林科技大学,2020.

[8] 孙明星."互联网＋"时代的农民创业发展与扶持——以番禺为例[D].广州:华南农业大学,2016.

[9] 王维维.互联网对创业的影响研究[D].杭州:浙江大学,2017.

[10] 王艳芳.农民工返乡创业影响因素及政策建议[D].北京:北京工业大学,2020.

[11] 袁维汉.互联网使用程度与女性创业概率——基于微观数据的实证研究[D].合肥:中国科学技术大学,2019.

[12] 张骞.互联网发展对区域创新能力的影响及其机制研究[D].济南:山东大学,2019.

[13] 朱青梅.受教育程度与农民工返乡创业意愿——基于信任的中介作用[D].长沙:湖南师范大学,2020.

学术论文：

[1] 陈昭玖,朱红根.人力资本、社会资本与农民工返乡创业政府支持的可获得性研究——基于江西1145份调查数据[J].农业经济问题,2011,32(5):54-59.

[2] 陈波.风险态度对回乡创业行为影响的实证研究[J].管理世界,2009(3):84-91.

[3] 陈荣,丁勇,韩蓄.返乡农民工创业原因分析及对策思考——基于皖北地区的研究[J].聊城大学学报(社会科学版),2011(2):62-64.

[4] 曹宗平.经济新常态下农民工返乡创业的多重动因与特殊作用[J].广东社会科学,2019(3):23-30.

[5] 蔡莉,于海晶,杨亚倩,等.创业理论回顾与展望[J].外国经济与管理,2019,41(12):94-111.

[6] 曹军波.互联网的本质及发展趋势[J].传媒,2014(8):23-25.

[7] 陈亚洲,王礼力.返乡农民工创业融资风险评估[J].现代物业(上旬刊),2011,10(3):132-135.

[8] 邓俊淼.农民工创业环境管理研究[J].农业经济,2010(4):86-89.

[9] 冯必扬.人情社会与契约社会——基于社会交换理论的视角[J].社会科学,

2011(9):67-75.

[10] 冯长福.传媒信息服务在农民增收中的作用[J].新闻爱好者(理论版),2007(6):10-11.

[11] 方鸣.创业培训、政策获取和农民工返乡创业绩效[J].北京工商大学学报(社会科学版),2021,36(6):116-126.

[12] 郭娟娟,马瑞.互联网+视域下农民工返乡创业动力机制研究——以成都平原经济区为例[J].四川行政学院学报,2018(1):72-76.

[13] 郭军盈.影响农民创业的因素分析[J].现代经济探讨,2006(5):77-80.

[14] 郭军盈.我国农民创业的区域差异研究[J].经济问题探索,2006(6):70-74.

[15] 郭小珊.连片特困区农民工返乡创业的多重动因及影响因素分析[J].乡村科技,2021,12(5):43-44.

[16] 何雅洁,张纬卿,戎钰.返乡农民工电子商务技能培训体系构建问题研究:在保定乡村振兴视角下[J].江苏商论,2021(5):30-32.

[17] 郝继伟.政府对农民创业的管理分析——基于历史的考察[J].农业经济,2011(5):91-92.

[18] 胡梦蝶,袁方.互联网、创业与农村减贫路径:基于粤东西北农户的深度访谈[J].农村经济与科技,2018,29(15):218-222.

[19] 黄杰,蔡根女,买忆媛.谁对返乡农民工创业机会识别更具影响力:强连带还是弱连带[J].农业技术经济,2010(4):28-35.

[20] 黄建新.农民工返乡创业行动研究——结构化理论的视角[J].华中农业大学学报(社会科学版),2008(5):15-17.

[21] 韩宁,黄伦平.民族地区第一代农民工返乡后面临的问题及对策[J].内蒙古民族大学学报(社会科学版),2016,42(6):27-31.

[22] 韩俊,崔传义.我国农民工回乡创业面临的困难及对策[J].经济纵横,2008(11):3-8.

[23] 蒋钰涵,赵丽玲,伊可心.基于河北省农村电商的返乡农民工创业企业成长研究[J].产业与科技论坛,2017,16(18):92-94.

[24] 蒋剑勇,郭红东.创业氛围、社会网络和农民创业意向[J].中国农村观察,2012(2):20-27.

[25] 卢玉岭,雷茗,唐秋颖.以"互联网+"为平台的返乡农民工创业教育模式[J].产业与科技论坛,2020,19(21):64-65.

[26] 罗明忠,邹佳瑜,卢颖霞. 农民的创业动机、需求及其扶持[J]. 农业经济问题,2012,33(2):14-19.

[27] 罗竖元. 农民工返乡创业环境的结构优化[J]. 华南农业大学学报(社会科学版),2020,19(5):47-55.

[28] 李成佳. 农民工返乡创业现状调查与思考——以四川省广安市为例[J]. 中国统计,2021(11):10-12.

[29] 李贵成. 返乡农民工企业家精神培育的环境调适与优化研究[J]. 河南社会科学,2019,27(11):106-112.

[30] 李飚. 互联网与创业——基于北京市青年创业数据的实证研究[J]. 经济与管理研究,2018,39(5):114-129.

[31] 李训,翟浩淼. 互联网嵌入对创业农民收入的影响效应研究——基于CFPS2016调查数据的实证分析[J]. 新疆农垦经济,2019(9):9-17.

[32] 刘玉婷. 机遇与挑战:"互联网+"背景下农民工返乡创业现状研究——以陕西省商洛市为例[J]. 经济研究导刊,2018(7):28-29.

[33] 刘溢海,来晓东. "双创"背景下农民工返乡创业意愿研究——基于河南省4市12县的实证分析[J]. 调研世界,2016(11):8-12.

[34] 刘芳. 当前农民工返乡创业问题分析及对策研究——以安徽省为例[J]. 安徽农业科学,2009,37(34):17139-17141.

[35] 刘光明,宋洪远. 外出劳动力回乡创业:特征、动因及其影响——对安徽、四川两省四县71位回乡创业者的案例分析[J]. 中国农村经济,2002(3):65-71.

[36] 林斐. 对90年代回流农村劳动力创业行为的实证研究[J]. 人口与经济,2004(2):50-54.

[37] 林斐. 对安徽省百名"打工"农民回乡创办企业的问卷调查及分析[J]. 中国农村经济,2002(3):72-76.

[38] 马光荣,杨恩艳. 社会网络、非正规金融与创业[J]. 经济研究,2011,46(3):83-94.

[39] 马继迁,陈虹,王占国. 互联网使用对女性创业的影响——基于CFPS数据的实证分析[J]. 华东经济管理,2020,34(5):96-104.

[40] 牛永辉. 乡村振兴视阈下农民工返乡创业的动因、困境及对策探究[J]. 内蒙古农业大学学报(社会科学版),2018,20(1):28-32.

[41] 蒲宝卿,程军锋.陇南市返乡农民工电商创业风险评估[J].电子商务,2019(9):19-26.

[42] 彭少峰,赵奕钧,汪禹同.社会资本、资源获取与返乡农民工创业绩效——基于长三角地区的实证[J].统计与决策,2021,37(22):81-84.

[43] 宋立扬,王雨林,郑小强.返乡农民工参与创业培训意愿及影响因素分析[J].农村经济与科技,2020,31(15):230-232.

[44] 石火培,成新华.基于logit模型下农民接受"新型农民培训"的意愿分析——以苏中地区为例[J].中国农业教育,2008(5):55-58.

[45] 石涛.影响返乡农民工创业融资渠道选择的金融供给因素分析——基于中部地区782户返乡农民工的调查数据[J].金融理论与实践,2016(3):75-79.

[46] 田方.互联网背景下返乡农民工创业研究[J].大庆社会科学,2016(5):114-116.

[47] 谭华清,赵廷辰,谭之博.教育会促进农民自主创业吗?[J].经济科学,2015(3):103-113.

[48] 谭慧敏.新生代农民工返乡创业培训扶持政策研究——以百色市特色农产品电子商务创业为例[J].当代经济,2018(17):82-85.

[49] 万宝瑞.我国农村又将面临一次重大变革——"互联网+三农"调研与思考[J].农业经济问题,2015,36(8):4-7.

[50] 吴易雄.农民工返乡创业培训成效分析[J].当代经济,2010(16):38-40.

[51] 吴磊,郑风田.创业环境维度视角下的农民工回乡创业选择[J].中国人口·资源与环境,2012,22(9):116-120.

[52] 吴昌华,戴天放,魏建美,等.江西省农民创业调查分析及对策研究[J].江西农业大学学报(社会科学版),2006(2):29-32.

[53] 吴碧波.农民工返乡创业促进新农村建设的理论和现状及对策[J].农业现代化研究,2013,34(1):59-62.

[54] 王勇.创业环境、风险态度与新生代农民工的创业倾向[J].经济体制改革,2017(1):67-75.

[55] 王天权.农民工返乡创业:建设社会主义新农村的一条重要途径[J].哈尔滨市委党校学报,2006(5):32-33.

[56] 王翌,刘维佳.西部农民工回流与回归现象浅析[J].技术与市场,2007(4):

89-91.

[57] 王一凡.新生代农民工返乡创业的动因及扶持策略探究[J].农业经济,2018(8):72-73.

[58] 王立娜."互联网+"背景下农民工返乡创业的契机、挑战与对策[J].理论导刊,2016(6):67-70.

[59] 王西玉,崔传义,赵阳,等.中国二元结构下的农村劳动力流动及其政策选择[J].管理世界,2000(5):61-69.

[60] 危旭芳,罗必良.农民创业研究:一个文献综述[J].中大管理研究,2014(3):187-208.

[61] 徐仲伟.对大数据、互联网的认识及其本质问题的思考[J].重庆邮电大学学报(社会科学版),2017,29(1):83-88.

[62] 徐向阳.新生代农民工返乡创业现状、问题及对策研究[J].山东农业工程学院学报,2019,36(8):9-10.

[63] 阳立高,廖进中,张文婧,等.农民工返乡创业问题研究——基于湖南省的实证分析[J].经济问题,2008(4):85-88.

[64] 杨晓军,陈浩.农民工就业的职业选择、工资差异与人力资本约束[J].改革,2008(5):95-100.

[65] 杨文兵.农民家庭创业环境、创业活动与创业绩效关系研究[J].绍兴文理学院学报,2011(8):13-18.

[66] 杨素改."互联网+"背景下返乡农民工创业问题分析[J].科技创业月刊,2017,30(8):16-18.

[67] 杨学儒,邹宝玲.模仿还是创新:互联网时代新生代农民工创业机会识别实证研究[J].学术研究,2018(5):77-83.

[68] 杨其静,王宇锋.个人禀赋、制度环境与创业决策:一个实证研究[J].经济理论与经济管理,2010(1):68-73.

[69] 杨家栋."农民工返乡"的辩证思考[J].学理论,2010(11):21-22.

[70] 袁方,史清华.从返乡到创业——互联网接入对农民工决策影响的实证分析[J].南方经济,2019(10):61-77.

[71] 喻国明,李彪.互联网平台的特性、本质、价值与"越界"的社会治理[J].全球传媒学刊,2021,8(4):3-18.

[72] 朱明芬.农民创业行为影响因素分析——以浙江杭州为例[J].中国农村经

济,2010(3):25-34.

[73] 周霞.回乡,还是留城?——对影响农民工理性选择的因素分析[J].重庆工商大学学报(社会科学版),2005(4):68-71.

[74] 周洋,华语音.互联网与农村家庭创业——基于CFPS数据的实证分析[J].农业技术经济,2017(5):111-119.

[75] 周广肃,樊纲.互联网使用与家庭创业选择——来自CFPS数据的验证[J].经济评论,2018(5):134-147.

[76] 周冬.互联网覆盖驱动农村就业的效果研究[J].世界经济文汇,2016(3):76-90.

[77] 赵羚雅.乡村振兴背景下互联网使用对农民创业的影响及机制研究[J].南方经济,2019(8):85-99.

[78] 赵西华,周曙东.农民创业现状、影响因素及对策分析[J].江海学刊,2006(1):217-222.

[79] 张思阳,赵敏娟,应新安,等.社会资本对农民工返乡创业意愿的影响效应分析——基于互联网嵌入视角[J].农业现代化研究,2020,41(5):783-792.

[80] 张剑,周小强,肖诗顺.从背井离乡到创新创业——兼论互联网使用对创业的作用[J].重庆大学学报(社会科学版),2021,27(3):259-274.

[81] 张明媚.移动网络学习在新生代农民工教育培训中的应用探索[J].中国成人教育,2018(8):158-160.

[82] 张立新,段慧昱,戚晓妮.创业环境对返乡农民工创业意愿的影响[J].农业经济与管理,2019(1):72-83.

[83] 张浩,孙新波.网络嵌入视角下创业者外部社会资本对创业机会识别的影响研究[J].科学学与科学技术管理,2017,38(12):133-147.

[84] 曾亿武,郭红东.农产品淘宝村形成机理:一个多案例研究[J].农业经济问题,2016,37(4):39-48.

[85] Afuah A. Redefining firm boundaries in the face of the Internet:Are firms really shrinking? [J]. The Academy of Management Review,2003,28(1):34-53.

[86] Bertschek I, Kaiser U. Productivity effects of organizational change: microeconometric evidence[J]. Management Science,2004,50(3):394-404.

[87] Brews P J, Tucci C L. Exploring the structural effects of internetworking

[J]. Strategic Management Journal, 2004,25(5):429-451.

[88] Folmer H, Dutta S, Oud H. Determinants of rural industrial entrepreneurship of farmers in West Bengal: A Structural Equations Approach[J]. International Regional Science Review, 2010,33(4):367-396.

[89] Fox W F, Porca S. Investing in Rural Infrastructure[J]. International Regional Science Review, 2001,24(1):103-133.

[90] Freund C L, Weinhold D. The effect of the Internet on international trade [J]. Journal of International Economics, 2004,62(1):171-189.

[91] Grande J. New Venture Creation in the Farm Sector-critical Resources and Capabilities[J]. Journal of Rural Studies, 2011,27(2):220-233.

[92] Haugen M S, Vik J. Farmers as entrepreneurs: The case of farm-based tourism [J]. International Journal of Entrepreneurship and Small Business,2008, 6(3):321-336.

[93] Tucker H. Peasant-entrepreneurs: A longitudinal ethnography[J]. Annals of Tourism Research, 2010,37(4):927-946.

[94] Hayek F A, 1945. The Use of Knowledge in Society[J]. American Economic Review,35(4):519-530.

[95] Johnson J L, Kuehn R. The small business owner/manager's search for external information[J]. Journal of Small Business Management, 1987,25 (3):53-60.

[96] Kerrigan K, Keating R. Start-Up saving: boosting entrepreneurship through broadband Internet[R]. Internet Innovation Alliance and Small Business & Entrepreneurship Council, 2012.

[97] Litan R E, Rivlin A M. Projecting the Economic Impact of the Internet [J]. The American Economic Review: Papers and Proceedings, 2001,91 (2):313-317.

[98] Li, G H, Wu B, Bai G L. Investigation on the Success of Peasant Entrepreneurs[J]. Physics Procedia, 2012,25:2282-2286.

[99] Parker S C. The economics of self-employment and entrepreneurship[M]. New York: Cambridge University Press, 2004.

[100] Stathopoulou S, Psaltopoulos D, Skuras D. Rural Entrepreneurship in

Europe: A Research Framework and Agenda[J]. International Journal of Entrepreneurial Behaviour & Research, 2004, 10(6): 404 – 425.

[101] Shane S, Venkataraman S. , The promise of entrepreneurship as a field of research[J]. Academy of Management Review, 2000, 25(1): 217 – 226.

[102] Yu, J, Zhou J X, Wang Y G, et al.. Rural Entrepreneurship in an Emerging Economy: Reading Institutional Perspectives from Entrepreneur Stories[J]. Journal of Small Business Management, 2013, 51(2): 183 – 195.

[103] Yu X Y, Meng X, et al. "Work-Family Conflict, Organizational Ambidexterity and New Venture Legitimacy in Emerging Economies[J]. Technological Forecasting and Social Change, 2018, 135: 229 – 240.

附　　录

农民工返乡创业政策支持文件汇编[①]

国务院关于进一步做好新形势下就业创业工作的意见

国发〔2015〕23号

各省、自治区、直辖市人民政府，国务院各部委、各直属机构：

就业事关经济发展和民生改善大局。党中央、国务院高度重视，坚持把稳定和扩大就业作为宏观调控的重要目标，大力实施就业优先战略，积极深化行政审批制度和商事制度改革，推动大众创业、万众创新，创业带动就业倍增效应进一步释放，就业局势总体稳定。但也要看到，随着我国经济发展进入新常态，就业总量压力依然存在，结构性矛盾更加凸显。大众创业、万众创新是富民之道、强国之举，有利于产业、企业、分配等多方面结构优化。面对就业压力加大形势，必须着力培育大众创业、万众创新的新引擎，实施更加积极的就业政策，把创业和就业结合起来，以创业创新带动就业，催生经济社会发展新动力，为促进民生改善、经济结构调整和社会和谐稳定提供新动能。现就进一步做好就业创业工作提出以下意见：

一、深入实施就业优先战略

（一）坚持扩大就业发展战略。把稳定和扩大就业作为经济运行合理区间的下限，将城镇新增就业、调查失业率作为宏观调控重要指标，纳入国民经济和社会发展规划及年度计划。合理确定经济增长速度和发展模式，科学把握宏观调控的方向和力度，以稳增长促就业，以鼓励创业就业带动经济增长。加强财税、金融、产业、贸易等经济政策与就业政策的配套衔接，建立宏观经济政策对就业影响评价机

[①] 说明：为更好地完成本项课题研究，课题组成员对现有农民工返乡创业支持政策文件进行了梳理。限于篇幅，本部分只列出了国务院及有关部门、江苏省政府出台的直接与农民工返乡创业支持政策相关的文件，特此说明。

制。建立公共投资和重大项目建设带动就业评估机制，同等条件下对创造就业岗位多、岗位质量好的项目优先安排。

（二）发展吸纳就业能力强的产业。创新服务业发展模式和业态，支持发展商业特许经营、连锁经营，大力发展金融租赁、节能环保、电子商务、现代物流等生产性服务业和旅游休闲、健康养老、家庭服务、社会工作、文化体育等生活性服务业，打造新的经济增长点，提高服务业就业比重。加快创新驱动发展，推进产业转型升级，培育战略性新兴产业和先进制造业，提高劳动密集型产业附加值；结合实施区域发展总体战略，引导具有成本优势的资源加工型、劳动密集型产业和具有市场需求的资本密集型、技术密集型产业向中西部地区转移，挖掘第二产业就业潜力。推进农业现代化，加快转变农业发展方式，培养新型职业农民，鼓励有文化、有技术、有市场经济观念的各类城乡劳动者根据市场需求到农村就业创业。

（三）发挥小微企业就业主渠道作用。引导银行业金融机构针对小微企业经营特点和融资需求特征，创新产品和服务。发展政府支持的融资性担保机构和再担保机构，完善风险分担机制，为小微企业提供融资支持。落实支持小微企业发展的税收政策，加强市场监管执法和知识产权保护，对小微企业亟需获得授权的核心专利申请优先审查。发挥新型载体聚集发展的优势，引入竞争机制，开展小微企业创业创新基地城市示范，中央财政给予综合奖励。创新政府采购支持方式，消除中小企业享受相关优惠政策面临的条件认定、企业资质等不合理限制门槛。指导企业改善用工管理，对小微企业新招用劳动者，符合相关条件的，按规定给予就业创业支持，不断提高小微企业带动就业能力。

（四）积极预防和有效调控失业风险。落实调整失业保险费率政策，减轻企业和个人负担，稳定就业岗位。将失业保险基金支持企业稳岗政策实施范围由兼并重组企业、化解产能过剩企业、淘汰落后产能企业等三类企业扩大到所有符合条件的企业。生产经营困难企业可通过与职工进行集体协商，采取在岗培训、轮班工作、弹性工时、协商薪酬等办法不裁员或少裁员。对确实要裁员的，应制定人员安置方案，实施专项就业帮扶行动，妥善处理劳动关系和社会保险接续，促进失业人员尽快再就业。淘汰落后产能奖励资金、依据兼并重组政策规定支付给企业的土地补偿费要优先用于职工安置。完善失业监测预警机制，建立应对失业风险的就业应急预案。

二、积极推进创业带动就业

（五）营造宽松便捷的准入环境。深化商事制度改革，进一步落实注册资本登记制度改革,坚决推行工商营业执照、组织机构代码证、税务登记证"三证合一",年内出台推进"三证合一"登记制度改革意见和统一社会信用代码方案,实现"一照一码"。继续优化登记方式,放松经营范围登记管制,支持各地结合实际放宽新注册企业场所登记条件限制,推动"一址多照"、集群注册等住所登记改革,分行业、分业态释放住所资源。运用大数据加强对市场主体的服务和监管。依托企业信用信息公示系统,实现政策集中公示、扶持申请导航、享受扶持信息公示。建立小微企业目录,对小微企业发展状况开展抽样统计。推动修订与商事制度改革不衔接、不配套的法律、法规和政策性文件。全面完成清理非行政许可审批事项,再取消下放一批制约经济发展、束缚企业活力等含金量高的行政许可事项,全面清理中央设定、地方实施的行政审批事项,大幅减少投资项目前置审批。对保留的审批事项,规范审批行为,明确标准,缩短流程,限时办结,推广"一个窗口"受理、网上并联审批等方式。

(六)培育创业创新公共平台。抓住新技术革命和产业变革的重要机遇,适应创业创新主体大众化趋势,大力发展技术转移转化、科技金融、认证认可、检验检测等科技服务业,总结推广创客空间、创业咖啡、创新工场等新型孵化模式,加快发展市场化、专业化、集成化、网络化的众创空间,实现创新与创业、线上与线下、孵化与投资相结合,为创业者提供低成本、便利化、全要素、开放式的综合服务平台和发展空间。落实科技企业孵化器、大学科技园的税收优惠政策,对符合条件的众创空间等新型孵化机构适用科技企业孵化器税收优惠政策。有条件的地方可对众创空间的房租、宽带网络、公共软件等给予适当补贴,或通过盘活商业用房、闲置厂房等资源提供成本较低的场所。可在符合土地利用总体规划和城乡规划前提下,或利用原有经批准的各类园区,建设创业基地,为创业者提供服务,打造一批创业示范基地。鼓励企业由传统的管控型组织转型为新型创业平台,让员工成为平台上的创业者,形成市场主导、风投参与、企业孵化的创业生态系统。

(七)拓宽创业投融资渠道。运用财税政策,支持风险投资、创业投资、天使投资等发展。运用市场机制,引导社会资金和金融资本支持创业活动,壮大创业投资规模。按照政府引导、市场化运作、专业化管理的原则,加快设立国家中小企业发展基金和国家新兴产业创业投资引导基金,带动社会资本共同加大对中小企业创业创新的投入,促进初创期科技型中小企业成长,支持新兴产业领域早中期、初创期企业发展。鼓励地方设立创业投资引导等基金。发挥多层次资本市场作用,加快创业板等资本市场改革,强化全国中小企业股份转让系统融资、交易等功能,规范发展服务小微企业的区域性股权市场。开展股权众筹融资试点，推动多渠道股权融资，积极探索和规范发展互联网金融，发展新型金融机构和融资服务机构，促进大众创业。

（八）支持创业担保贷款发展。将小额担保贷款调整为创业担保贷款，针对有创业要求、具备一定创业条件但缺乏创业资金的就业重点群体和困难人员，提高其金融服务可获得性，明确支持对象、标准和条件，贷款最高额度由针对不同群体的5万元、8万元、10万元不等统一调整为10万元。鼓励金融机构参照贷款基础利率，结合风险分担情况，合理确定贷款利率水平，对个人发放的创业担保贷款，在贷款基础利率基础上上浮3个百分点以内的，由财政给予贴息。简化程序，细化措施，健全贷款发放考核办法和财政贴息资金规范管理约束机制，提高代偿效率，完善担保基金呆坏账核销办法。

（九）加大减税降费力度。实施更加积极的促进就业创业税收优惠政策，将企业吸纳就业税收优惠的人员范围由失业一年以上人员调整为失业半年以上人员。高校毕业生、登记失业人员等重点群体创办个体工商户、个人独资企业的，可依法享受税收减免政策。抓紧推广中关村国家自主创新示范区税收试点政策，将职工教育经费税前扣除试点政策、企业转增股本分期缴纳个人所得税试点政策、股权奖励分期缴纳个人所得税试点政策推广至全国范围。全面清理涉企行政事业性收费、政府性基金、具有强制垄断性的经营服务性收费、行业协会商会涉企收费，落实涉企收费清单管理制度和创业负担举报反馈机制。

（十）调动科研人员创业积极性。探索高校、科研院所等事业单位专业技术人员在职创业、离岗创业有关政策。对于离岗创业的，经原单位同意，可在3年内保留人事关系，与原单位其他在岗人员同等享有参加职称评聘、岗位等级晋升和社会保险等方面的权利。原单位应当根据专业技术人员创业的实际情况，与其签订或变更聘用合同，明确权利义务。加快推进中央级事业单位科技成果使用、处置和收益管理改革试点政策推广。鼓励利用财政性资金设立的科研机构、普通高校、职业院校，通过合作实施、转让、许可和投资等方式，向高校毕业生创设的小微企业优先转移科技成果。完善科技人员创业股权激励政策，放宽股权奖励、股权出售的企业设立年限和盈利水平限制。

（十一）鼓励农村劳动力创业。支持农民工返乡创业，发展农民合作社、家庭农场等新型农业经营主体，落实定向减税和普遍性降费政策。依托现有各类园区等存量资源，整合创建一批农民工返乡创业园，强化财政扶持和金融服务。将农民创业与发展县域经济结合起来,大力发展农产品加工、休闲农业、乡村旅游、农村服务业等劳动密集型产业项目,促进农村一二三产业融合。依托基层就业和社会保障服务设施等公共平台,提供创业指导和服务。鼓励各类企业和社会机构利用现有资源,搭建一批农业创业创新示范基地和见习基地,培训一批农民创业创新辅导员。支持农民网上创业,大力发展"互联网+"和电子商务,积极组织创新创业农民与企业、小康村、市场和园区对接,推进农村青年创业富民行动。

(十二)营造大众创业良好氛围。支持举办创业训练营、创业创新大赛、创新成果和创业项目展示推介等活动,搭建创业者交流平台,培育创业文化,营造鼓励创业、宽容失败的良好社会氛围,让大众创业、万众创新蔚然成风。对劳动者创办社会组织、从事网络创业符合条件的,给予相应创业扶持政策。推进创业型城市创建,对政策落实好、创业环境优、工作成效显著的,按规定予以表彰。

三、统筹推进高校毕业生等重点群体就业

(十三)鼓励高校毕业生多渠道就业。把高校毕业生就业摆在就业工作首位。完善工资待遇进一步向基层倾斜的办法,健全高校毕业生到基层工作的服务保障机制,鼓励毕业生到乡镇特别是困难乡镇机关事业单位工作。对高校毕业生到中西部地区、艰苦边远地区和老工业基地县以下基层单位就业、履行一定服务期限的,按规定给予学费补偿和国家助学贷款代偿。结合政府购买服务工作的推进,在基层特别是街道(乡镇)、社区(村)购买一批公共管理和社会服务岗位,优先用于吸纳高校毕业生就业。对小微企业新招用毕业年度高校毕业生,签订1年以上劳动合同并缴纳社会保险费的,给予1年社会保险补贴。落实完善见习补贴政策,对见习期满留用率达到50%以上的见习单位,适当提高见习补贴标准。将求职补贴调整为求职创业补贴,对象范围扩展到已获得国家助学贷款的毕业年度高校毕业生。深入实施大学生创业引领计划、离校未就业高校毕业生就业促进计划,整合发展高校毕业生就业创业基金,完善管理体制和市场化运行机制,实现基金滚动使用,为高校毕业生就业创业提供支持。积极支持和鼓励高校毕业生投身现代农业建设。对高校毕业生申报从事灵活就业的,按规定纳入各项社会保险,各级公共就业人才服务机构要提供人事、劳动保障代理服务。技师学院高级工班、预备技师班和特殊教育院校职业教育类毕业生可参照高校毕业生享受相关就业补贴政策。

(十四)加强对困难人员的就业援助。合理确定就业困难人员范围,规范认定程序,加强实名制动态管理和分类帮扶。坚持市场导向,鼓励其到企业就业、自主创业或灵活就业。对用人单位招用就业困难人员,签订劳动合同并缴纳社会保险

费的,在一定期限内给予社会保险补贴。对就业困难人员灵活就业并缴纳社会保险费的,给予一定比例的社会保险补贴。对通过市场渠道确实难以实现就业的,可通过公益性岗位予以托底安置,并给予社会保险补贴及适当岗位补贴。社会保险补贴和岗位补贴期限最长不超过3年,对初次核定享受补贴政策时距退休年龄不足5年的人员,可延长至退休。规范公益性岗位开发和管理,科学设定公益性岗位总量,适度控制岗位规模,制定岗位申报评估办法,严格按照法律规定安排就业困难人员,不得用于安排非就业困难人员。加强对就业困难人员在岗情况的管理和工作考核,建立定期核查机制,完善就业困难人员享受扶持政策期满退出办法,做好退出后的政策衔接和就业服务。依法大力推进残疾人按比例就业,加大对用人单位安置残疾人的补贴和奖励力度,建立用人单位按比例安排残疾人就业公示制度。加快完善残疾人集中就业单位扶持政策,推进残疾人辅助性就业和灵活就业。加大对困难人员就业援助力度,确保零就业家庭、最低生活保障家庭等困难家庭至少有一人就业。对就业困难人员较集中的地区,上级政府要强化帮扶责任,加大产业、项目、资金、人才等支持力度。

(十五)推进农村劳动力转移就业。结合新型城镇化建设和户籍制度改革,建立健全城乡劳动者平等就业制度,进一步清理针对农民工就业的歧视性规定。完善职业培训、就业服务、劳动维权"三位一体"的工作机制,加强农民工输出输入地劳务对接,特别是对劳动力资源较为丰富的老少边穷地区,充分发挥各类公共就业服务机构和人力资源服务机构作用,积极开展有组织的劳务输出,加强对转移就业农民工的跟踪服务,有针对性地帮助其解决实际困难,推进农村富余劳动力有序外出就业和就地就近转移就业。做好被征地农民就业工作,在制定征地补偿安置方案时,要明确促进被征地农民就业的具体措施。

(十六)促进退役军人就业。扶持自主择业军转干部、自主就业退役士兵就业创业,落实各项优惠政策,组织实施教育培训,加强就业指导和服务,搭建就业创业服务平台。对符合政府安排工作条件的退役士官、义务兵,要确保岗位落实,细化完善公务员招录和事业单位招聘时同等条件优先录用(聘用),以及国有、国有控股和国有资本占主导地位企业按比例预留岗位择优招录的措施。退役士兵报考公务员、应聘事业单位职位的,在军队服现役经历视为基层工作经历,服现役年限计算为工作年限。调整完善促进军转干部及随军家属就业税收政策。

四、加强就业创业服务和职业培训

(十七)强化公共就业创业服务。健全覆盖城乡的公共就业创业服务体系,提高服务均等化、标准化和专业化水平。完善公共就业服务体系的创业服务功能,充分发挥公共就业服务、中小企业服务、高校毕业生就业指导等机构的作用,为创业者提供项目开发、开业指导、融资服务、跟踪扶持等服务,创新服务内容和方式。健全公共就业创业服务经费保障机制,切实将县级以上公共就业创业服务机构和县级以下(不含县级)基层公共就业创业服务平台经费纳入同级财政预算。将职业介绍补贴和扶持公共就业服务补助合并调整为就业创业服务补贴,支持各地按照精准发力、绩效管理的原则,加强公共就业创业服务能力建设,向社会力量购买基本就业创业服务成果。创新就业创业服务供给模式,形成多元参与、公平竞争格局,提高服务质量和效率。

(十八)加快公共就业服务信息化。按照统一建设、省级集中、业务协同、资源共享的原则,逐步建成以省级为基础、全国一体化的就业信息化格局。建立省级集中的就业信息资源库,加强信息系统应用,实现就业管理和就业服务工作全程信息化。推进公共就业信息服务平台建设,实现各类就业信息统一发布,健全全国就业信息监测平台。推进就业信息共享开放,支持社会服务机构利用政府数据开展专业化就业服务,推动政府、社会协同提升公共就业服务水平。

(十九)加强人力资源市场建设。加快建立统一规范灵活的人力资源市场,消除城乡、行业、身份、性别、残疾等影响平等就业的制度障碍和就业歧视,形成有利于公平就业的制度环境。健全统一的市场监管体系,推进人力资源市场诚信体系建设和标准化建设。加强对企业招聘行为、职业中介活动的规范,及时纠正招聘过程中的歧视、限制及欺诈等行为。建立国有企事业单位公开招聘制度,推动实现招聘信息公开、过程公开和结果公开。加快发展人力资源服务业,规范发展人事代理、人才推荐、人员培训、劳务派遣等人力资源服务,提升服务供给能力和水平。完善党政机关、企事业单位、社会各方面人才顺畅流动的制度体系。

(二十)加强职业培训和创业培训。顺应产业结构迈向中高端水平、缓解就业结构性矛盾的需求,优化高校学科专业结构,加快发展现代职业教育,大规模开展职业培训,加大创业培训力度。利用各类创业培训资源,开发针对不同创业群体、创业活动不同阶段特点的创业培训项目,把创新创业课程纳入国民教育体系。重点实施农民工职业技能提升和失业人员转业转岗培训,增强其就业创业和职业转换能力。尊重劳动者培训意愿,引导劳动者自主选择培训项目、培训方式和培训机构。发挥企业主体作用,支持企业以新招用青年劳动者和新转岗人员为重点开展新型学徒制培训。强化基础能力建设,创新培训模式,建立高水平、专兼职的创业培训师资队伍，提升培训质量，落实职业培训补贴政策，合理确定补贴标准。推进职业资格管理改革，完善有利于劳动者成长成才的培养、评价和激励机制，畅通技能人才职业上升通道，推动形成劳动、技能等要素按贡献参与分配的机制，使技能劳动者获得与其能力业绩相适应的工资待遇。

（二十一）建立健全失业保险、社会救助与就业的联动机制。进一步完善失业保险制度，充分发挥失业保险保生活、防失业、促就业的作用，鼓励领取失业保险金人员尽快实现就业或自主创业。对实现就业或自主创业的最低生活保障对象，在核算家庭收入时，可以扣减必要的就业成本。

（二十二）完善失业登记办法。在法定劳动年龄内、有劳动能力和就业要求、处于无业状态的城镇常住人员，可以到常住地的公共就业服务机构进行失业登记。各地公共就业服务机构要为登记失业的各类人员提供均等化的政策咨询、职业指导、职业介绍等公共就业服务和普惠性就业政策，并逐步使外来劳动者与当地户籍人口享有同等的就业扶持政策。将《就业失业登记证》调整为《就业创业证》，免费发放，作为劳动者享受公共就业服务及就业扶持政策的凭证。有条件的地方可积极推动社会保障卡在就业领域的应用。

五、强化组织领导

（二十三）健全协调机制。县级以上人民政府要加强对就业创业工作的领导，把促进就业创业摆上重要议程，健全政府负责人牵头的就业创业工作协调机制，加强就业形势分析研判，落实完善就业创业政策，协调解决重点难点问题，确保各项就业目标完成和就业局势稳定。有关部门要增强全局意识，密切配合，尽职履责。进一步发挥各人民团体以及其他社会组织的作用，充分调动社会各方促进就业创业积极性。

（二十四）落实目标责任制。将就业创业工作纳入政绩考核，细化目标任务、政策落实、就业创业服务、资金投入、群众满意度等指标，提高权重，并层层分解，督促落实。对在就业创业工作中取得显著成绩的单位和个人，按国家有关规定予以表彰奖励。有关地区不履行促进就业职责，造成恶劣社会影响的，对当地人民政府有关负责人及具体责任人实行问责。

（二十五）保障资金投入。各级人民政府要根据就业状况和就业工作目标，在财政预算中合理安排就业相关资金。按照系统规范、精简效能的原则，明确政府间促进就业政策的功能定位，严格支出责任划分。进一步规范就业专项资金管理，强化资金预算执行和监督，开展资金使用绩效评价，着力提高就业专项资金使用效益。

（二十六）建立健全就业创业统计监测体系。健全就业统计指标，完善统计口径和统计调查方法，逐步将性别等指标纳入统计监测范围，探索建立创业工作统计指标。进一步加强和完善全国劳动力调查制度建设，扩大调查范围，增加调查内容。强化统计调查的质量控制。加大就业统计调查人员、经费和软硬件等保障力度，推进就业统计调查信息化建设。依托行业组织，建立健全行业人力资源需求预测和就业状况定期发布制度。

（二十七）注重舆论引导。坚持正确导向，加强政策解读，及时回应社会关切，大力宣传促进就业创业工作的经验做法，宣传劳动者自主就业、自主创业和用人单位促进就业的典型事迹，引导全社会共同关心和支持就业创业工作，引导高校毕业生等各类劳动者转变观念，树立正确的就业观，大力营造劳动光荣、技能宝贵、创造伟大的时代风尚。

各地区、各部门要认真落实本意见提出的各项任务，结合本地区、本部门实际，创造性地开展工作，制定具体方案和配套政策，同时要切实转变职能，简化办事流程，提高服务效率，确保各项就业创业政策措施落实到位，以稳就业惠民生促进经济社会平稳健康发展。

国务院

2015 年 4 月 27 日

国务院办公厅关于支持农民工等人员返乡创业的意见

国办发〔2015〕47号

各省、自治区、直辖市人民政府，国务院各部委、各直属机构：

支持农民工、大学生和退役士兵等人员返乡创业，通过大众创业、万众创新使广袤乡镇百业兴旺，可以促就业、增收入，打开新型工业化和农业现代化、城镇化和新农村建设协同发展新局面。根据《中共中央国务院关于加大改革创新力度加快农业现代化建设的若干意见》和《国务院关于进一步做好新形势下就业创业工作的意见》（国发〔2015〕23号）要求，为进一步做好农民工等人员返乡创业工作，经国务院同意，现提出如下意见：

一、总体要求

（一）指导思想。全面贯彻落实党的十八大和十八届二中、三中、四中全会精神，按照党中央、国务院决策部署，加强统筹谋划，健全体制机制，整合创业资源，完善扶持政策，优化创业环境，以人力资本、社会资本的提升、扩散、共享为纽带，加快建立多层次多样化的返乡创业格局，全面激发农民工等人员返乡创业热情，创造更多就地就近就业机会，加快输出地新型工业化、城镇化进程，全面汇入大众创业、万众创新热潮，加快培育经济社会发展新动力，催生民生改善、经济结构调整和社会和谐稳定新动能。

（二）基本原则。

——坚持普惠性与扶持性政策相结合。既要保证返乡创业人员平等享受普惠性政策，又要根据其抗风险能力弱等特点，落实完善差别化的扶持性政策，努力促进他们成功创业。

——坚持盘活存量与创造增量并举。要用好用活已有园区、项目、资金等存量资源全面支持返乡创业，同时积极探索公共创业服务新方法、新路径，开发增量资源，加大对返乡创业的支持力度。

——坚持政府引导与市场主导协同。要加强政府引导，按照绿色、集约、实用的原则，创造良好的创业环境，更要充分发挥市场的决定性作用，支持返乡创业企业与龙头企业、市场中介服务机构等共同打造充满活力的创业生态系统。

——坚持输入地与输出地发展联动。要推进创新创业资源跨地区整合，促进输入地与输出地在政策、服务、市场等方面的联动对接，扩大返乡创业市场空间，延长返乡创业产业链条。

二、主要任务

（三）促进产业转移带动返乡创业。鼓励输入地在产业升级过程中对口帮扶输出地建设承接产业园区，引导劳动密集型产业转移，大力发展相关配套产业，带动农民工等人员返乡创业。鼓励已经成功创业的农民工等人员，顺应产业转移的趋势和潮流，充分挖掘和利用输出地资源和要素方面的比较优势，把适合的产业转移到家乡再创业、再发展。

（四）推动输出地产业升级带动返乡创业。鼓励积累了一定资金、技术和管理经验的农民工等人员，学习借鉴发达地区的产业组织形式、经营管理方式，顺应输出地消费结构、产业结构升级的市场需求，抓住机遇创业兴业，把小门面、小作坊升级为特色店、连锁店、品牌店。

（五）鼓励输出地资源嫁接输入地市场带动返乡创业。鼓励农民工等人员发挥既熟悉输入地市场又熟悉输出地资源的优势，借力"互联网＋"信息技术发展现代商业，通过对少数民族传统手工艺品、绿色农产品等输出地特色产品的挖掘、升级、品牌化，实现输出地产品与输入地市场的嫁接。

（六）引导一二三产业融合发展带动返乡创业。统筹发展县域经济，引导返乡农民工等人员融入区域专业市场、示范带和块状经济，打造具有区域特色的优势产业集群。鼓励创业基础好、创业能力强的返乡人员，充分开发乡村、乡土、乡韵潜在价值，发展休闲农业、林下经济和乡村旅游，促进农村一二三产业融合发展，拓展创业空间。以少数民族特色村镇为平台和载体，大力发展民族风情旅游业，带动民族地区创业。

（七）支持新型农业经营主体发展带动返乡创业。鼓励返乡人员共创农民合作社、家庭农场、农业产业化龙头企业、林场等新型农业经营主体，围绕规模种养、农产品加工、农村服务业以及农技推广、林下经济、贸易营销、农资配送、信息咨询等合作建立营销渠道，合作打造特色品牌，合作分散市场风险。

三、健全基础设施和创业服务体系

（八）加强基层服务平台和互联网创业线上线下基础设施建设。切实加大人力财力投入，进一步推进县乡基层就业和社会保障服务平台、中小企业公共服务平台、农村基层综合公共服务平台、农村社区公共服务综合信息平台的建设，使其成为加强和优化农村基层公共服务的重要基础设施。支持电信企业加大互联网和移动互联网建设投入，改善县乡互联网服务，加快提速降费，建设高速畅通、覆盖城乡、质优价廉、服务便捷的宽带网络基础设施和服务体系。继续深化和扩大电子商务进农村综合示范县工作,推动信息入户,引导和鼓励电子商务交易平台渠道下沉,带动返乡人员依托其平台和经营网络创业。加大交通物流等基础设施投入,支持乡镇政府、农村集体经济组织与社会资本合作共建智能电商物流仓储基地,健全县、乡、村三级农村物流基础设施网络,鼓励物流企业完善物流下乡体系,提升冷链物流配送能力,畅通农产品进城与工业品下乡的双向流通渠道。

(九)依托存量资源整合发展农民工返乡创业园。各地要在调查分析农民工等人员返乡创业总体状况和基本需求基础上,结合推进新型工业化、信息化、城镇化、农业现代化和绿色化同步发展的实际需要,对农民工返乡创业园布局作出安排。依托现有各类合规开发园区、农业产业园、盘活闲置厂房等存量资源,支持和引导地方整合发展一批重点面向初创期"种子培育"的返乡创业孵化基地、引导早中期创业企业集群发展的返乡创业园区,聚集创业要素,降低创业成本。挖掘现有物业设施利用潜力,整合利用零散空地等存量资源,并注意与城乡基础设施建设、发展电子商务和完善物流基础设施等统筹结合。属于非农业态的农民工返乡创业园,应按照城乡规划要求,结合老城或镇村改造、农村集体经营性建设用地或农村宅基地盘整进行开发建设。属于农林牧渔业态的农民工返乡创业园,在不改变农地、集体林地、草场、水面权属和用途前提下,允许建设方通过与权属方签订合约的方式整合资源开发建设。

(十)强化返乡农民工等人员创业培训工作。紧密结合返乡农民工等人员创业特点、需求和地域经济特色,编制实施专项培训计划,整合现有培训资源,开发有针对性的培训项目,加强创业师资队伍建设,采取培训机构面授、远程网络互动等方式有效开展创业培训,扩大培训覆盖范围,提高培训的可获得性,并按规定给予创业培训补贴。建立健全创业辅导制度,加强创业导师队伍建设,从有经验和行业资源的成功企业家、职业经理人、电商辅导员、天使投资人、返乡创业带头人当中选拔一批创业导师,为返乡创业农民工等人员提供创业辅导。支持返乡创业培训实习基地建设,动员知名乡镇企业、农产品加工企业、休闲农业企业和专业市场等为返乡创业人员提供创业见习、实习和实训服务,加强输出地与东部地区对口协作,组织返乡创业农民工等人员定期到东部企业实习,为其学习和增强管理经验提供支持。发挥好驻贫困村"第一书记"和驻村工作队作用,帮助开展返乡农民工教育培训,做好贫困乡村创业致富带头人培训。

(十一)完善农民工等人员返乡创业公共服务。各地应本着"政府提供平台、平台集聚资源、资源服务创业"的思路,依托基层公共平台集聚政府公共资源和社会其他各方资源,组织开展专项活动,为农民工等人员返乡创业提供服务。统筹考虑社保、住房、教育、医疗等公共服务制度改革,及时将返乡创业农民工等人员纳入公共服务范围。依托基层就业和社会保障服务平台,做好返乡人员创业服务、社保关系转移接续等工作,确保其各项社保关系顺畅转移接入。及时将电子商务等新兴业态创业人员纳入社保覆盖范围。探索完善返乡创业人员社会兜底保障机制,降低创业风险。深化农村社区建设试点,提升农村社区支持返乡创业和吸纳就业的能力,逐步建立城乡社区农民工服务衔接机制。

(十二)改善返乡创业市场中介服务。运用政府向社会力量购买服务的机制,调动教育培训机构、创业服务企业、电子商务平台、行业协会、群团组织等社会各方参与积极性,帮助返乡创业农民工等人员解决企业开办、经营、发展过程中遇到的能力不足、经验不足、资源不足等难题。培育和壮大专业化市场中介服务机构,提供市场分析、管理辅导等深度服务,帮助返乡创业人员改善管理、开拓市场。鼓励大型市场中介服务机构跨区域拓展,推动输出地形成专业化、社会化、网络化的市场中介服务体系。

(十三)引导返乡创业与万众创新对接。引导和支持龙头企业建立市场化的创新创业促进机制,加速资金、技术和服务扩散,带动和支持返乡创业人员依托其相关产业链创业发展。鼓励大型科研院所建立开放式创新创业服务平台,吸引返乡创业农民工等各类创业者围绕其创新成果创业,加速科技成果资本化、产业化步伐。鼓励社会资本特别是龙头企业加大投入,结合其自身发展壮大需要,建设发展市场化、专业化的众创空间,促进创新创意与企业发展、市场需求和社会资本有效对接。鼓励发达地区众创空间加速向输出地扩展、复制,不断输出新的创业理念,集聚创业活力,帮助返乡农民工等人员解决创业难题。推行科技特派员制度,建设一批"星创天地",为农民工等人员返乡创业提供科技服务,实现返乡创业与万众创新有序对接、联动发展。

四、政策措施

(十四)降低返乡创业门槛。深化商事制度改革,落实注册资本登记制度改革,优化返乡创业登记方式,简化创业住所(经营场所)登记手续,推动"一址多照"、集群注册等住所登记制度改革。放宽经营范围,鼓励返乡农民工等人员投资农村基础设施和在农村兴办各类事业。对政府主导、财政支持的农村公益性工程和项目,可采取购买服务、政府与社会资本合作等方式,引导农民工等人员创设的企业和社会组织参与建设、管护和运营。对能够商业化运营的农村服务业,向社会资本全面开放。制定鼓励社会资本参与农村建设目录,探索建立乡镇政府职能转移目录,鼓励返乡创业人员参与建设或承担公共服务项目,支持返乡人员创设的企业参加政府采购。将农民工等人员返乡创业纳入社会信用体系,建立健全返乡创业市场交易规则和服务监管机制,促进公共管理水平提升和交易成本下降。取消和下放涉及返乡创业的行政许可审批事项,全面清理并切实取消非行政许可审批事项,减少返乡创业投资项目前置审批。

（十五）落实定向减税和普遍性降费政策。农民工等人员返乡创业,符合政策规定条件的,可适用财政部、国家税务总局《关于小型微利企业所得税优惠政策的通知》（财税〔2015〕34号）、《关于进一步支持小微企业增值税和营业税政策的通知》（财税〔2014〕71号）、《关于对小微企业免征有关政府性基金的通知》（财税〔2014〕122号）和《人力资源社会保障部财政部关于调整失业保险费率有关问题的通知》（人社部发〔2015〕24号）的政策规定,享受减征企业所得税、免征增值税、营业税、教育费附加、地方教育附加、水利建设基金、文化事业建设费、残疾人就业保障金等税费减免和降低失业保险费率政策。各级财政、税务、人力资源社会保障部门要密切配合,严格按照上述政策规定和《国务院关于税收等优惠政策相关事项的通知》（国发〔2015〕25号）要求,切实抓好工作落实,确保优惠政策落地并落实到位。

（十六）加大财政支持力度。充分发挥财政资金的杠杆引导作用,加大对返乡创业的财政支持力度。对返乡农民工等人员创办的新型农业经营主体,符合农业补贴政策支持条件的,可按规定同等享受相应的政策支持。对农民工等人员返乡创办的企业,招用就业困难人员、毕业年度高校毕业生的,按规定给予社会保险补贴。对符合就业困难人员条件,从事灵活就业的,给予一定的社会保险补贴。对具备各项支农惠农资金、小微企业发展资金等其他扶持政策规定条件的,要及时纳入扶持范围,便捷申请程序,简化审批流程,建立健全政策受益人信息联网查验机制。经工商登记注册的网络商户从业人员,同等享受各项就业创业扶持政策；未经工商登记注册的网络商户从业人员,可认定为灵活就业人员,同等享受灵活就业人员扶持政策。

（十七）强化返乡创业金融服务。加强政府引导,运用创业投资类基金,吸引社会资本加大对农民工等人员返乡创业初创期、早中期的支持力度。在返乡创业较为集中、产业特色突出的地区,探索发行专项中小微企业集合债券、公司债券,开展股权众筹融资试点,扩大直接融资规模。进一步提高返乡创业的金融可获得性,加快发展村镇银行、农村信用社等中小金融机构和小额贷款公司等机构,完善返乡创业信用评价机制,扩大抵押物范围,鼓励银行业金融机构开发符合农民工等人员返乡创业需求特点的金融产品和金融服务,加大对返乡创业的信贷支持和服务力度。大力发展农村普惠金融,引导加大涉农资金投放,运用金融服务"三农"发展的相关政策措施,支持农民工等人员返乡创业。落实创业担保贷款政策,优化贷款审批流程,对符合条件的返乡创业人员,可按规定给予创业担保贷款,财政部门按规定安排贷款贴息所需资金。

(十八)完善返乡创业园支持政策。农民工返乡创业园的建设资金由建设方自筹;以土地租赁方式进行农民工返乡创业园建设的,形成的固定资产归建设方所有;物业经营收益按相关各方合约分配。对整合发展农民工返乡创业园,地方政府可在不增加财政预算支出总规模、不改变专项资金用途前提下,合理调整支出结构,安排相应的财政引导资金,以投资补助、贷款贴息等恰当方式给予政策支持。鼓励银行业金融机构在有效防范风险的基础上,积极创新金融产品和服务方式,加大对农民工返乡创业园区基础设施建设和产业集群发展等方面的金融支持。有关方面可安排相应项目给予对口支持,帮助返乡创业园完善水、电、交通、物流、通信、宽带网络等基础设施。适当放宽返乡创业园用电用水用地标准,吸引更多返乡人员入园创业。

五、组织实施

(十九)加强组织协调。各地区、各部门要高度重视农民工等人员返乡创业工作,健全工作机制,明确任务分工,细化配套措施,跟踪工作进展,及时总结推广经验,研究解决工作中出现的问题。支持农民工等人员返乡创业,关键在地方。各地特别是中西部地区,要结合产业转移和推进新型城镇化的实际需要,制定更加优惠的政策措施,加大对农民工等人员返乡创业的支持力度。有关部门要密切配合,抓好《鼓励农民工等人员返乡创业三年行动计划纲要(2015—2017年)》(见附件)的落实,明确时间进度,制定实施细则,确保工作实效。

(二十)强化示范带动。结合国家新型城镇化综合试点城市和中小城市综合改革试点城市组织开展试点工作,探索优化鼓励创业创新的体制机制环境,打造良好创业生态系统。打造一批民族传统产业创业示范基地、一批县级互联网创业示范基地,发挥示范带动作用。

(二十一)抓好宣传引导。坚持正确导向,以返乡创业人员喜闻乐见的形式加强宣传解读,充分利用微信等移动互联社交平台搭建返乡创业交流平台,使之发挥凝聚返乡创业人员和交流创业信息、分享创业经验、展示创业项目、传播创业商机的作用。大力宣传优秀返乡创业典型事迹，充分调动社会各方面支持、促进农民工等人员返乡创业的积极性、主动性，大力营造创业、兴业、乐业的良好环境。

国务院办公厅

2015 年 6 月 17 日

人力资源社会保障部办公厅　农业部办公厅　国务院扶贫办行政人事司
共青团中央办公厅　全国妇联办公厅

关于实施农民工等人员返乡创业培训五年行动计划(2016—2020年)的通知

人社厅发〔2016〕90号

各省、自治区、直辖市及新疆生产建设兵团人力资源社会保障厅(局)、农业(农牧、农村经济)厅(委、局)、扶贫办(局)、团委、妇联:

按照《国务院关于大力推进大众创业万众创新若干政策措施的意见》(国发〔2015〕32号)和《国务院办公厅关于支持农民工等人员返乡创业的意见》(国办发〔2015〕47号)要求,为进一步推进农民工、建档立卡贫困人口、大学生和退役士兵等人员返乡创业培训工作,有效促进农民工等人员在大众创业、万众创新热潮中实现创业就业,人力资源社会保障部等五部门将实施农民工等人员返乡创业培训五年行动计划(2016—2020年)。现就有关事项通知如下:

一、指导思想

全面贯彻落实党的十八大和十八届三中、四中、五中全会精神,牢固树立创新、协调、绿色、开放、共享的发展理念,主动适应经济发展新常态,以服务就业和经济发展为宗旨,鼓励以创业带动就业,紧密结合农民工等人员返乡创业培训需求,健全完善创业培训体系,充分发挥优质培训资源作用,大力开展创业培训,提高针对性和有效性,全面激发农民工等人员创业热情,提高创业能力,逐步形成以创业培训为基础,创业扶持政策和创业服务相结合,全面推进创业促就业工作的新局面。

二、工作目标

以提升农民工等人员创业能力,促进其成功创业为根本目标,以开展符合不同群体实际需求的创业培训为主要抓手,形成创业培训、创业教育、创业考评、试创业、创业帮扶、创业成效第三方评估等六环联动,政府、院校和相关企业合作推进,与精准扶贫、精准脱贫紧密结合,全覆盖、多层次、多样化的创业培训体系,使创业培训总量、结构、内容、模式与经济社会发展和农民工等人员创业需求相适应;到2020年,力争使有创业要求和培训愿望、具备一定创业条件或已创业的农民工等人员都能参加一次创业培训,有效提升创业能力。

三、主要任务

(一)做好培训对象信息统计分析。将返乡农民工等人员中有意愿开展创业活动和处于创业初期的人员全部纳入创业培训服务范围。依托乡镇(街道)劳动保障等公共服务平台，摸清返乡农民工等人员底数、创业总体情况、创业培训需求等。建立返乡创业农民工等人员信息库和数据统计分析机制，对人员类型、性别、创业情况等进行分析，为编制创业培训计划、确定创业培训项目等提供有效依据。推动创业培训与扶贫开发紧密结合，有创业愿望的建档立卡等精准扶贫人员优先成为创业培训对象，具有创业能力的建档立卡贫困人口特别是贫困妇女开展试创业或正式创业优先享受各项扶持政策。

（二）开展有针对性的创业培训。以生产性农业服务业和生活性农业服务业创业为重点，针对返乡农民工等人员不同创业阶段的特点、不同性别、不同需求和地域经济特色，开展内容丰富、针对性强的创业培训。力求依托真实项目设计培训内容，使培训成为试创业的过程，切实提高培训实效。开展多层次的创业培训。对有创业要求和培训愿望、具备一定创业条件的人员，结合适合创业的绿色农产品经营、民族传统手工艺、乡村旅游、家庭农家乐或输入地市场与输出地资源能够有效对接的项目等，重点开展创业意识教育、创业项目指导等培训；对处于创业初期的人员，结合区域专业市场对企业发展需求，重点开展企业经营管理等培训；对已经成功创业的人员，重点开展发达地区产业组织形式、经营管理方式等培训，把小门面、小作坊等升级为特色店、连锁店、品牌店。

（三）积极开展互联网创业培训。依托电子商务进农村综合示范县建设、农村电子商务百万英才计划以及农村青年电商培育工程等，积极开展电子商务培训。推动农民工等人员借力"互联网＋"信息技术开办和发展企业，利用互联网拓宽扩展产品销售渠道。有条件的地区可以依托专业的电子商务人才培训基地和师资队伍，努力培养一批既懂理论又懂业务、会经营网店、能带头致富的复合型人才。引导具有实践经验的电子商务从业者从城镇返乡创业，鼓励电子商务职业经理人到农村发展。

（四）依托优质资源开展创业培训。建立政府支持、市场运作工作机制。发挥市场机制在资金筹措、机构建设、生源组织、过程监管、效果评价等方面的积极作用。鼓励各类优质培训资源参与农民工等人员返乡创业培训。在师资培养、就业创业信息服务、政府购买创业培训成果等方面实行公办民办培训机构平等待遇。推进优质创业培训资源下乡。按照有关规定择优确定培训资源承担政府补贴性培训项目。做好定点机构日常管理与指导，及时了解定点机构在制订培训计划、规范教学管理、组织实施培训等方面的情况，指导定点机构按照统一要求组织教学，确保培训质量，打造农民工等人员返乡创业培训品牌。对培训过程进行实时监测，开展绩效评估,将受训人数、创业人数、创业成功率作为培训机构重要评价指标,确保培训质量和效果。

(五)加强创业培训基础能力建设。探索创业培训与技能培训、创业培训与区域产业相结合的培训方式,采取有针对性和实用性的培训模式开展创业培训。试点推广"互联网+"创业培训模式。扩大创业培训教师选拔范围,优化师资队伍结构,通过教学研讨、培训交流、教学竞赛等多种方式提高创业培训教师教学水平。国家、省、市、县形成四级联动,利用好现有各类创业培训师资培训项目,加强师资队伍建设。可结合实际,自主开发和选用具有地方特色的教辅资料。支持返乡创业培训实习基地建设,并纳入公共实训基地建设项目范围。有条件的地区可依托现有实训基地、技工院校等职业教育院校,探索建立培训创业扶贫一体化基地。加强输出地与本省及全国经济发达地区劳务协作。公共就业服务机构要做好创业服务工作,提高主动服务意识,为农民工等人员打造创业服务绿色通道,提高公共服务质量。

(六)建立创业培训与创业孵化对接机制。指导创业培训机构在加强自身开展培训、实训、实践能力的基础上,建立与农民创业园、乡村旅游集聚地等各类创业孵化机构的对接机制,实施培训、孵化、服务"一条龙"帮扶,帮助学员尽快将培训所成付诸创业行动,通过孵化服务和政策落实,使其稳定发展并能成功创业。举办适合农民工等人员创业的项目对接交流活动,收集并推荐适应大众创业的项目,使学员及早定位自身创业方向,通过载体孵化和项目选择两步走的方式,提高培训后创业成功率。

(七)做好创业培训对象后续跟踪扶持。按照政府提供平台、平台集聚资源、资源服务创业的原则,依托基层就业和社会保障、中小企业、农村社区等公共服务平台,进一步强化培训后的后续扶持和跟踪服务,建立培训学员跟踪服务机制,动态掌握培训后学员就业创业情况,积极帮助返乡创业人员改善管理、改进技术、开拓市场。引导和支持龙头企业建设市场化创新创业促进机制,加速资金、技术和服务扩散,带动和支持返乡创业人员依托其相关产业链创业发展。

四、有关要求

(一)加强组织领导,健全工作机制。各地区、各部门要高度重视农民工等人员返乡创业培训工作,根据部门职能落实工作责任,完善工作机制。制定、实施组合型创业培训政策,实行资金、税收、用地、设施设备、成果购买、质量评价等联动,并切实抓好各项政策措施的落实。各级有关部门特别是县级有关部门要结合地区实际情况，将农民工等人员创业培训工作纳入当地经济发展的总体部署和职业培训规划，研究制定农民工等人员返乡创业培训年度计划和实施方案，与现有农民工培训项目有效对接，进行专项统计，建立年度报告、检查和评估机制。

（二）加大资金投入，确保资金安全。各地要科学合理确定创业培训补贴标准，建立动态调整机制，确保完成高质量培训教学活动。相关部门要按照统筹规划、集中使用、提高效益的原则，将各级各类创业培训资金统筹使用。各部门根据职责和任务，做好相关培训工作，改变资金分散安排、分散下达、效益不高的状况。要加大资金投入，安排工作经费，对培训创业扶贫一体化基地建设、师资培训、管理人员培训、管理平台开发等基础工作给予支持。相关部门要及时足额拨付各类补贴资金，建立健全资金管理制度，明确资金监管责任主体，采取有效措施，加强对培训补贴资金监管，提高资金使用效益，确保资金使用安全。

（三）严格培训考核，健全管理制度。对于培训机构承担的政府补贴性培训项目，要建立统一规范的结业考核程序，加强对考核过程、考核结果和培训合格证书发放的监督检查。返乡农民工等人员参加创业培训，按规定程序和要求考核合格后，颁发培训合格证书，对其中不能开展创业的人员可优先推荐其就业。

（四）注重宣传引导，营造良好氛围。以返乡农民工等人员喜闻乐见的形式，宣传解读支持农民工等人员返乡创业的有关政策。通过创业训练营、创业创新大赛、创业项目展示推介等活动，宣传各地区、各部门开展农民工等人员返乡创业培训、提高创业服务质量的经验与成效。通过开展"青春创富故事汇"等活动，大力宣传农民工等人员返乡创业典型事迹，营造鼓励创业、支持创业、全民创业的社会氛围。

人力资源社会保障部办公厅
农业部办公厅
国务院扶贫办行政人事司
共青团中央办公厅
全国妇联办公厅
2016 年 6 月 13 日

国务院办公厅关于支持返乡下乡人员创业创新促进农村一二三产业融合发展的意见

国办发〔2016〕84号

各省、自治区、直辖市人民政府，国务院各部委、各直属机构：

近年来，随着大众创业、万众创新的深入推进，越来越多的农民工、中高等院校毕业生、退役士兵和科技人员等返乡下乡人员到农村创业创新，为推进农业供给侧结构性改革、活跃农村经济发挥了重要作用。返乡下乡人员创业创新，有利于将现代科技、生产方式和经营理念引入农业，提高农业质量效益和竞争力；有利于发展新产业新业态新模式，推动农村一二三产业融合发展；有利于激活各类城乡生产资源要素，促进农民就业增收。在《国务院办公厅关于支持农民工等人员返乡创业的意见》（国办发〔2015〕47号）和《国务院办公厅关于推进农村一二三产业融合发展的指导意见》（国办发〔2015〕93号）的基础上，为进一步细化和完善扶持政策措施，鼓励和支持返乡下乡人员创业创新，经国务院同意，现提出如下意见。

一、重点领域和发展方向

（一）突出重点领域。鼓励和引导返乡下乡人员结合自身优势和特长，根据市场需求和当地资源禀赋，利用新理念、新技术和新渠道，开发农业农村资源，发展优势特色产业，繁荣农村经济。重点发展规模种养业、特色农业、设施农业、林下经济、庭院经济等农业生产经营模式，烘干、贮藏、保鲜、净化、分等分级、包装等农产品加工业，农资配送、耕地修复治理、病虫害防治、农机作业服务、农产品流通、农业废弃物处理、农业信息咨询等生产性服务业，休闲农业和乡村旅游、民族风情旅游、传统手工艺、文化创意、养生养老、中央厨房、农村绿化美化、农村物业管理等生活性服务业，以及其他新产业新业态新模式。

（二）丰富创业创新方式。鼓励和引导返乡下乡人员按照法律法规和政策规定，通过承包、租赁、入股、合作等多种形式，创办领办家庭农场林场、农民合作社、农业企业、农业社会化服务组织等新型农业经营主体。通过聘用管理技术人才组建创业团队，与其他经营主体合作组建现代企业、企业集团或产业联盟，共同开辟创业空间。通过发展农村电商平台，利用互联网思维和技术，实施"互联网＋"现代农业行动，开展网上创业。通过发展合作制、股份合作制、股份制等形式，培育产权清晰、利益共享、机制灵活的创业创新共同体。

（三）推进农村产业融合。鼓励和引导返乡下乡人员按照全产业链、全价值链的现代产业组织方式开展创业创新，建立合理稳定的利益联结机制，推进农村一二三产业融合发展，让农民分享二、三产业增值收益。以农牧（农林、农渔）结合、循环发展为导向，发展优质高效绿色农业。实行产加销一体化运作，延长农业产业链条。推进农业与旅游、教育、文化、健康养老等产业深度融合，提升农业价值链。引导返乡下乡人员创业创新向特色小城镇和产业园区等集中，培育产业集群和产业融合先导区。

二、政策措施

（四）简化市场准入。落实简政放权、放管结合、优化服务一系列措施，深化行政审批制度改革，持续推进商事制度改革，提高便利化水平。落实注册资本认缴登记和"先照后证"改革，在现有"三证合一"登记制度改革成效的基础上大力推进"五证合一、一照一码"登记制度改革。推动住所登记制度改革，积极支持各地放宽住所（经营场所）登记条件。县级人民政府要设立"绿色通道"，为返乡下乡人员创业创新提供便利服务，对进入创业园区的，提供有针对性的创业辅导、政策咨询、集中办理证照等服务。对返乡下乡人员创业创新免收登记类、证照类等行政事业性收费。（工商总局等负责）

（五）改善金融服务。采取财政贴息、融资担保、扩大抵押物范围等综合措施，努力解决返乡下乡人员创业创新融资难问题。稳妥有序推进农村承包土地的经营权抵押贷款试点，有效盘活农村资源、资金和资产。鼓励银行业金融机构开发符合返乡下乡人员创业创新需求的信贷产品和服务模式，探索权属清晰的包括农业设施、农机具在内的动产和不动产抵押贷款业务，提升返乡下乡人员金融服务可获得性。推进农村普惠金融发展，加强对纳入信用评价体系返乡下乡人员的金融服务。加大对农业保险产品的开发和推广力度，鼓励有条件的地方探索开展价格指数保险、收入保险、信贷保证保险、农产品质量安全保证保险、畜禽水产活体保险等创新试点，更好地满足返乡下乡人员的风险保障需求。（人民银行、银监会、保监会、农业部、国家林业局等负责）

（六）加大财政支持力度。加快将现有财政政策措施向返乡下乡人员创业创新拓展，将符合条件的返乡下乡人员创业创新项目纳入强农惠农富农政策范围。新型职业农民培育、农村一二三产业融合发展、农业生产全程社会化服务、农产品加工、农村信息化建设等各类财政支农项目和产业基金，要将符合条件的返乡下乡人员纳入扶持范围，采取以奖代补、先建后补、政府购买服务等方式予以积极支持。

大学生、留学回国人员、科技人员、青年、妇女等人员创业的财政支持政策,要向返乡下乡人员创业创新延伸覆盖。把返乡下乡人员开展农业适度规模经营所需贷款纳入全国农业信贷担保体系。切实落实好定向减税和普遍性降费政策。(财政部、税务总局、教育部、科技部、工业和信息化部、人力资源社会保障部、农业部、国家林业局、共青团中央、全国妇联等负责)

(七)落实用地用电支持措施。在符合土地利用总体规划的前提下,通过调整存量土地资源,缓解返乡下乡人员创业创新用地难问题。支持返乡下乡人员按照相关用地政策,开展设施农业建设和经营。落实大众创业万众创新、现代农业、农产品加工业、休闲农业和乡村旅游等用地政策。鼓励返乡下乡人员依法以入股、合作、租赁等形式使用农村集体土地发展农业产业,依法使用农村集体建设用地开展创业创新。各省(区、市)可以根据本地实际,制定管理办法,支持返乡下乡人员依托自有和闲置农房院落发展农家乐。在符合农村宅基地管理规定和相关规划的前提下,允许返乡下乡人员和当地农民合作改建自住房。县级人民政府可在年度建设用地指标中单列一定比例专门用于返乡下乡人员建设农业配套辅助设施。城乡建设用地增减挂钩政策腾退出的建设用地指标,以及通过农村闲置宅基地整理新增的耕地和建设用地,重点支持返乡下乡人员创业创新。支持返乡下乡人员与农村集体经济组织共建农业物流仓储等设施。鼓励利用"四荒地"(荒山、荒沟、荒丘、荒滩)和厂矿废弃地、砖瓦窑废弃地、道路改线废弃地、闲置校舍、村庄空闲地等用于返乡下乡人员创业创新。农林牧渔业产品初加工项目在确定土地出让底价时可按不低于所在地土地等别相对应全国工业用地出让最低价标准的70%执行。返乡下乡人员发展农业、林木培育和种植、畜牧业、渔业生产、农业排灌用电以及农业服务业中的农产品初加工用电,包括对各种农产品进行脱水、凝固、去籽、净化、分类、晒干、剥皮、初烤、沤软或大批包装以供应初级市场的用电,均执行农业生产电价。(国土资源部、国家发展改革委、住房城乡建设部、农业部、国家林业局、国家旅游局、国家电网公司等负责)

(八)开展创业培训。实施农民工等人员返乡创业培训五年行动计划和新型职业农民培育工程、农村青年创业致富"领头雁"计划、贫困村创业致富带头人培训工程,开展农村妇女创业创新培训,让有创业和培训意愿的返乡下乡人员都能接受培训。建立返乡下乡人员信息库,有针对性地确定培训项目,实施精准培训,提升其创业能力。地方各级人民政府要将返乡下乡人员创业创新培训经费纳入财政预算。鼓励各类培训资源参与返乡下乡人员培训,支持各类园区、星创天地、农民合作社、中高等院校、农业企业等建立创业创新实训基地。采取线上学习与线下培训、自主学习与教师传授相结合的方式,开辟培训新渠道。加强创业创新导师队伍建设,从企业家、投资者、专业人才、科技特派员和返乡下乡创业创新带头人中遴选一批导师。建立各类专家对口联系制度,对返乡下乡人员及时开展技术指导和跟踪服务。(人力资源社会保障部、农业部、教育部、科技部、民政部、国家林业局、国务院扶贫办、共青团中央、全国妇联等负责)

(九)完善社会保障政策。返乡下乡人员可在创业地按相关规定参加各项社会保险,有条件的地方要将其纳入住房公积金缴存范围,按规定将其子女纳入城镇(城乡)居民基本医疗保险参保范围。对返乡下乡创业创新的就业困难人员、离校未就业高校毕业生以灵活就业方式参加社会保险的,可按规定给予一定社会保险补贴。对返乡下乡人员初始创业失败后生活困难的,可按规定享受社会救助。持有居住证的返乡下乡人员的子女可在创业地接受义务教育,依地方相关规定接受普惠性学前教育。(人力资源社会保障部、财政部、民政部、住房城乡建设部、教育部等负责)

(十)强化信息技术支撑。支持返乡下乡人员投资入股参与信息进村入户工程建设和运营,可聘用其作为村级信息员或区域中心管理员。鼓励各类电信运营商、电商等企业面向返乡下乡人员开发信息应用软件,开展农业生产技术培训,提供农资配送、农机作业等农业社会化服务,推介优质农产品,组织开展网络营销。面向返乡下乡人员开展信息技术技能培训。通过财政补贴、政府购买服务、落实税收优惠等政策,支持返乡下乡人员利用大数据、物联网、云计算、移动互联网等新一代信息技术开展创业创新。(农业部、国家发展改革委、工业和信息化部、财政部、商务部、税务总局、国家林业局等负责)

(十一)创建创业园区(基地)。按照政府搭建平台、平台聚集资源、资源服务创业的思路,依托现有开发区、农业产业园等各类园区以及专业市场、农民合作社、农业规模种养基地等,整合创建一批具有区域特色的返乡下乡人员创业创新园区(基地),建立开放式服务窗口,形成合力。现代农业示范区要发挥辐射带动和示范作用,成为返乡下乡人员创业创新的重要载体。支持中高等院校、大型企业采取众创空间、创新工厂等模式,创建一批重点面向初创期"种子培育"的孵化园(基地),有条件的地方可对返乡下乡人员到孵化园(基地)创业给予租金补贴。(农业部、国家发展改革委、科技部、工业和信息化部、财政部、人力资源社会保障部、商务部、文化部、国家林业局等负责)

三、组织领导

（十二）健全组织领导机制。各地区、各有关部门要充分认识返乡下乡人员创业创新的重要意义，作为经济社会发展的重点任务予以统筹安排。农业部要发挥牵头作用，明确推进机构，加强工作指导，建立部门间协调机制，督促返乡下乡人员创业创新政策落实，加强经验交流和推广。地方人民政府要建立协调机制，明确任务分工，落实部门责任，形成工作合力；加强调查研究，结合本地实际，研究制定和落实支持返乡下乡人员创业创新的政策措施。探索建立领导干部定点联系返乡下乡人员创业创新制度，深入了解情况，帮助解决实际问题。（农业部、省级人民政府等负责）

（十三）提升公共服务能力。积极开展面向返乡下乡人员的政策咨询、市场信息等公共服务。推进农村社区综合服务设施和信息平台建设，依托现有的各类公益性农产品市场和园区（基地），为返乡下乡人员创业创新提供高效便捷服务。做好返乡下乡人员创业创新的土地流转、项目选择、科技推广等方面专业服务。利用农村调查系统和农村固定观察点，加强对返乡下乡人员创业创新的动态监测和调查分析。（农业部、国家发展改革委、民政部、人力资源社会保障部、商务部、国家统计局、国家林业局等负责）

（十四）加强宣传引导。采取编制手册、制定明白卡、编发短信微信微博等方式，宣传解读政策措施。大力弘扬创业创新精神，树立返乡下乡人员先进典型，宣传推介优秀带头人，发挥其示范带动作用。充分调动社会各界支持返乡下乡人员创业创新的积极性，广泛开展创业大赛、创业大讲堂等活动，营造良好氛围。（农业部等负责）

国务院办公厅
2016 年 11 月 18 日

人力资源社会保障部 国家发展改革委等十五部门
关于做好当前农民工就业创业工作的意见

各省、自治区、直辖市人民政府,国务院有关部委、有关直属机构:

促进农民工就业创业,事关农民增收致富,事关就业大局稳定,事关打赢脱贫攻坚战。今年以来,受新冠肺炎疫情、经济下行压力等多重因素叠加影响,部分农民工就业创业面临一些困难。为进一步做好当前农民工就业创业工作,经国务院同意,现提出以下意见:

一、拓宽外出就业渠道

(一)稳定现有就业岗位。全面落实减税降费、失业保险稳岗返还、以工代训等援企稳岗政策,引导企业特别是中小微企业不裁员或少裁员,督促企业将补贴资金用于职工生活补助、缴纳社会保险费、开展在岗转岗培训等。帮助外贸企业纾困解难,支持出口产品转内销,加大对住宿餐饮、批发零售、文化旅游、家政服务等行业的针对性政策扶持,最大限度稳定农民工就业岗位。(国家发展改革委、工业和信息化部、财政部、人力资源社会保障部、商务部、文化和旅游部、国家卫生健康委、税务总局等按职责分工负责)

(二)创造更多就业机会。推动重大投资项目加速落地,强化促消费、扩内需政策扶持,释放经济发展潜力,提升吸纳就业能力。各类基础设施建设要优先考虑带动就业能力强的项目。大力发展生活服务业、劳动密集型产业,对吸纳农民工就业多的给予更大政策激励。培育经济发展新动能,加快信息网络等新型基础设施建设,促进共享出行、社区团购等新业态发展,支持农业、林业生产端电子商务发展,促进产销对接,拓展农民工就业新领域。(国家发展改革委、科技部、工业和信息化部、民政部、财政部、交通运输部、农业农村部、商务部、国家林草局等按职责分工负责)

(三)支持多渠道灵活就业。支持农民工通过临时性、非全日制、季节性、弹性工作等多种形式实现灵活就业,灵活就业支持政策对城镇户籍居民和农民工一视同仁。因地制宜发展零工市场或劳务市场,搭建企业用工余缺调剂平台。鼓励农民工从事个体经营,开办特色小店,符合条件的按规定给予税收优惠、场地支持等政策。鼓励互联网平台企业降低平台服务费、信息中介费、加盟管理费等费用标准,支持农民工从事直播销售、网约配送等新就业形态增加收入。(财政部、人力资

源社会保障部、商务部、税务总局、市场监管总局等按职责分工负责）

二、促进就地就近就业

（四）发展乡村产业吸纳就业。结合农业生产特点创新开发"惠农"产品包等金融产品，支持发展特色种植业、林草特色产业、规模养殖业和种养结合循环农林业。大力发展农林产品加工业、农林产品物流冷链和产销对接等相关产业，推动休闲观光、健康养生、农事体验等乡村休闲旅游业健康发展。将带动就业情况作为创建现代农林业产业园的重要考量。支持返乡留乡农民工成立农民合作社、发展现代种养业和农产品初加工，鼓励发展新产业新业态，增加就业岗位。（农业农村部、国家林草局牵头，财政部、人民银行等按职责分工负责）

（五）推动项目建设促进就业。大力发展县域经济，建设一批卫星城镇，发展一批当地优势特色产业项目，提高就业承载力。加强小型水利、高标准农田、林下经济、木本粮油等特色经济林基地、乡村绿化、人居环境整治等领域的农村中小型基础设施建设，加快灾后恢复重建，积极采取以工代赈方式实施项目。加大以工代赈投入力度，加快推进项目开工建设，将发放劳务报酬的资金占比由10%提高至15%以上，吸纳更多返乡留乡农民工就业。（国家发展改革委、住房城乡建设部、水利部、农业农村部、国家林草局等按职责分工负责）

（六）支持返乡入乡创业带动就业。加强创业服务能力建设，组织协调企业家、科技人员、创业成功人士等成立创业服务专家团队和农村创新创业导师队伍，为返乡入乡创业农民工提供政策咨询、开业指导等专业服务。对符合条件的返乡入乡创业农民工，按规定给予税费减免、创业补贴、创业担保贷款及贴息等创业扶持政策，对其中首次创业且正常经营1年以上的，按规定给予一次性创业补贴，正常经营6个月以上的可先行申领补贴资金的50%。加强创业载体建设，政府投资开发的孵化基地等创业载体可安排一定比例的场地，免费向返乡入乡创业农民工提供，支持高质量建设一批返乡入乡创业园（基地）、集聚区，吸引农民工等就地就近创业就业。（国家发展改革委、财政部、人力资源社会保障部、农业农村部、人民银行、税务总局等按职责分工负责）

三、强化平等就业服务和权益保障

（七）加强就业服务。提供便捷高效求职服务，广泛收集跨区域岗位信息，通过线上线下多渠道发布，举办农民工专场招聘会，送岗位下乡进村入户，对有集中外出需求的农民工开展有组织劳务输出。畅通就业求助渠道，建立健全动态更新的岗位储备机制和多方联动的快速响应机制，及时帮助农民工解决求职困难。全面放开失业登记,失业农民工可在户籍地、常住地、就业地、参保地进行登记,免费享受职业介绍、培训项目推介等基本公共就业服务,对其中大龄、身有残疾、长期失业等特殊困难的,按规定纳入就业援助范围,实施重点帮扶。(人力资源社会保障部、农业农村部等按职责分工负责)

(八)强化教育培训。用好职业技能提升行动专账资金,实施农民工稳就业职业技能培训计划。支持企业面向新吸纳失业农民工开展以工代训,实现以训稳岗。面向失业农民工开展定向定岗培训、急需紧缺职业专项培训,面向返乡农民工就近开展职业转换培训和创业培训。农民工可按规定在培训地申领职业培训补贴、培训期间生活费补贴和职业技能鉴定补贴等。落实高职扩招任务要求,针对农民工单列招生计划,做好考试测试、招生录取、分类教育管理等工作。(教育部、财政部、人力资源社会保障部、农业农村部等按职责分工负责)

(九)维护劳动权益。指导督促企业依法招工用工,加强农民工劳动保障权益维护,依法严厉打击恶意欠薪等违法行为。加大涉劳动报酬等劳动争议处理力度,依法为农民工提供法律援助服务,支持农民工与用人单位协商化解矛盾纠纷。加大日常监察执法力度,坚决纠正针对湖北等受疫情影响严重地区农民工的就业歧视。科学合理界定互联网平台企业责任,维护平台就业农民工劳动保障权益。(司法部、人力资源社会保障部等按职责分工负责)

(十)做好生活保障。扩大失业保险保障范围,畅通线上线下申领渠道,为符合条件的农民工及时发放失业保险金、失业补助金、一次性生活补助或临时生活补助。对受疫情影响无法返岗复工、连续3个月无收入来源,生活困难且失业保险政策无法覆盖的农民工等未参保失业人员,未纳入低保范围的,经本人申请,由务工地或经常居住地发放一次性临时救助金。(民政部、财政部、人力资源社会保障部等按职责分工负责)

四、优先保障贫困劳动力稳岗就业

(十一)稳定贫困劳动力外出务工规模。优先组织贫困劳动力有序外出务工,加大岗位归集发布和劳务对接力度,按规定落实各项扶持政策,力争有就业意愿和就业能力的贫困劳动力都能实现就业,确保今年贫困劳动力外出务工规模不低于去年。千方百计稳定已就业贫困劳动力就业岗位,对企业确需裁员的,提前介入指导,鼓励同等条件下优先留用贫困劳动力。加大对失业贫困劳动力就业帮扶力度,优先提供转岗就业机会,对通过市场渠道难以就业的,纳入当地就业困难人员范围,符合条件的提供公益性岗位等托底安置。对有培训意愿的贫困劳动力实行技能培训全覆盖。将贫困劳动力外出务工情况作为年度脱贫攻坚成效考核的重要内容。(人力资源社会保障部、农业农村部、国务院扶贫办等按职责分工负责)

(十二)拓宽贫困劳动力就地就近就业渠道。积极发展农业生产,加强农业农村、交通、水利、林草等领域工程项目建设,积极采取以工代赈方式实施项目,为返乡留乡贫困劳动力提供更多就业机会。促进扶贫龙头企业和扶贫车间健康发展,坚持扶贫性质,更多招收贫困劳动力就业。加强乡村公益性岗位开发和管理,充分考虑当地收入水平和岗位职责等情况,合理确定岗位待遇水平,统筹用好各类乡村公益性岗位托底安置就业困难贫困劳动力。(国家发展改革委、人力资源社会保障部、自然资源部、交通运输部、水利部、农业农村部、国家林草局、国务院扶贫办等按职责分工负责)

(十三)聚焦聚力重点地区攻坚。将52个未摘帽贫困县、"三区三州"等深度贫困地区、易地扶贫搬迁大型安置区以及湖北等受疫情影响严重地区作为重中之重,充分发挥对口支援、省际省内协作机制等作用,加大劳务协作、项目建设等各类资源倾斜支持力度,定向投放岗位,开展点对点劳务输出,及时解决贫困劳动力就业面临的突出困难和问题。(国家发展改革委、人力资源社会保障部、国务院扶贫办等按职责分工负责)

五、加强组织保障

(十四)加强组织领导。地方各级人民政府要高度重视农民工就业创业工作,将其作为稳就业和保居民就业重点,坚持市场就业和政府促进相结合,层层压实责任,健全机制,综合施策,稳定城镇常住农民工就业,确保农民工就业形势总体平稳,困难农民工及时得到救助。各有关部门要各司其职,协同配合,形成合力。人力资源社会保障部门要发挥统筹协调作用,做好农民工就业创业服务、职业技能培训和权益维护等工作;发展改革、住房城乡建设、交通运输、水利等部门要抓好项目投资带动就业、以工代赈项目实施;工业和信息化、商务、文化和旅游等部门要完善行业产业发展规划,助力稳企稳岗;民政、人力资源社会保障等部门要做好生活困难农民工的兜底保障工作;财政部门要做好农民工就业创业各项工作资金保障;农业农村、林草等部门要加大乡村地区一二三产业岗位开发力度,拓宽农民工就地就近就业渠道;统计部门要做好农民工就业情况调查监测;扶贫部门要配合做好贫困劳动力就业稳岗工作。(各有关部门、单位和地方各级人民政府按职责分工负责)

(十五)加强工作保障。健全公共就业服务体系,推进城镇公共就业服务向农村延伸,运用购买服务等多种方式,充分发挥各类人力资源服务机构、劳务经纪人作用,为农民工提供便捷高效的就业服务。加大农民工就业创业政策落实力度,优化申领流程,精简证明材料,确保政策便捷惠及享受对象。统筹用好各类资金,将吸纳农民工就业数量作为城镇建设用地增加规模的重要因素,保障农民工平等享受就业服务政策。(财政部、人力资源社会保障部、自然资源部、农业农村部和地方各级人民政府按职责分工负责)

(十六)加强宣传引导。大力宣传促进农民工就业创业的优惠政策和服务举措,充分利用各种受众面广、宣传效果好的新媒体,提高政策知晓度。广泛挖掘农民工就业创业典型案例,讲好就业故事,营造有利于农民工就业创业的良好氛围。(各有关部门、单位和地方各级人民政府按职责分工负责)

人力资源社会保障部 国家发展改革委 工业和信息化部
民政部 财政部 自然资源部 住房城乡建设部 交通运输部
水利部 农业农村部 商务部 文化和旅游部
国家统计局 国家林业和草原局 国务院扶贫办
2020 年 8 月 6 日

江苏省政府办公厅关于支持农民工等人员返乡创业的实施意见

苏政办发〔2015〕94号

各市、县(市、区)人民政府,省各委办厅局,省各直属单位:

支持农民工、大学生和退役士兵等人员返乡创业,是激发全民创业活力的有力举措,对于推进大众创业、万众创新,带动就业和增加居民收入,促进新型工业化和农业现代化、城镇化和新农村建设协同发展具有重要作用。根据《国务院办公厅关于支持农民工等人员返乡创业的意见》(国办发〔2015〕47号),现就进一步做好农民工等人员返乡创业工作,提出如下实施意见:

一、总体要求

(一)指导思想。认真贯彻党的十八大、十八届三中四中全会和习近平总书记系列重要讲话特别是视察江苏重要讲话精神,以实施鼓励农民工等人员返乡创业三年行动计划纲要(2015—2017年)为抓手,以人力资本、社会资本的提升、扩散、共享为纽带,以产业转移、升级和融合为动力,坚持政府引导与市场主导协同、普惠性与扶持性政策结合、盘活存量与扩大增量并举,整合创业资源,拓展创业空间,优化创业环境,激发创业热情,加快建立多层次多样化的返乡创业格局,创造更多就地就近就业机会,汇入大众创业、万众创新热潮,催生民生改善、经济结构调整和社会和谐稳定新动能。

(二)主要目标。到2017年,培育和创建一批农村电子商务示范县,将整合发展农民工返乡创业园纳入全省创业基地建设统一规划,重点打造50个农民工返乡创业示范园,扶持农民工等人员成功自主创业9万人,带动就业30万人。

二、推进措施

(三)发展现代农业带动返乡创业。鼓励创业基础好、创业能力强的返乡人员,充分挖掘乡村、乡土、乡韵潜在价值,开发一批农林产品加工、休闲观光农业、乡村旅游、农业服务业等产业项目,发展农家乐集聚村,推动传统农业与现代服务业融合发展。支持新型农业经营主体发展,鼓励返乡人员共创农民合作社、家庭农场、农业产业化龙头企业、林场等,围绕规模种养、农产品加工、农村服务业,以及农技推广、林下经济、贸易营销、农资配送、信息咨询等,合作建立营销渠道、打造特色品牌、分散市场风险。鼓励已经成功创业的农民工等人员顺应产业转移的趋势和潮流,把适合的产业转移到家乡再创业、再发展。

(四)支持返乡人员发展电子商务创业。大力发展"互联网+农业"新经济形态,鼓励农民工等人员应用电子商务采购农业生产资料、销售农产品、开办农家乐。鼓励大学生村官、回乡创业青年、女能手(人)开展网上代购代销服务、来料加工业务。扶持有条件的返乡人员创业企业建立网络营销平台,开展农产品配送业务。采用政府投入、企业运营、公益为主、市场为辅的方式,设立县(市、区)、乡(镇)电子商务服务中心和村服务站,为返乡创业人员发展电子商务提供支持。统筹建设农村综合信息服务平台,促进农村电商平台普及应用,推动信息入户。支持电信企业改善县乡互联网和移动互联网服务,建设高速畅通、质优价廉、服务便捷的宽带网络基础设施和服务体系。引导和鼓励电子商务交易平台渠道下沉,带动返乡人员依托其平台和经营网络创业。加强交通物流等基础设施建设,支持乡镇政府、农村集体经济组织与社会资本合作共建电商物流仓储基地,健全县(市、区)、乡(镇)、村农村物流基础设施,鼓励物流企业完善物流下乡体系,提升冷链物流配送能力,畅通农产品进城与工业品下乡的双向流通渠道。开展"千村百乡"电子商务进农村综合示范活动,增创10个省级农村电子商务示范县。

(五)推进农民工返乡创业园建设。各地要根据市场需求和当地资源禀赋,依托现有各类合规开发园区、农业产业园,盘活闲置厂房、零散空地等存量资源,挖掘现有物业设施利用潜力,并与城乡基础设施建设、发展电子商务和完善物流基础设施等相结合,建设农民工返乡创业园等农村创业基地。属于非农业态的农民工返乡创业园,应按照城乡规划要求,结合老城或镇村改造,利用集体存量建设用地进行建设。属于农林牧渔业态的农民工返乡创业园,在不改变农地、集体林地、草场、水面权属和用途的前提下,允许建设方通过与权属方签订合约的方式整合资源开发建设。在战略性新兴产业及以高效农业、生态农业为特征的现代农业等重点领域,大力推进专业孵化器建设,加快培育中小微涉农市场主体。支持和引导各地整合发展一批重点面向初创期"种子培育"的返乡创业孵化基地、引导早中期创业企业集群发展的返乡创业园区,聚集创业要素,降低创业成本。

(六)强化农民工等人员创业培训。编制和实施农民工等人员返乡创业专项培训计划,深入开展创业培训进乡村活动,对有创业要求和培训愿望、具备一定创业条件的返乡大学生、农民工、退役士兵及处于创业初期的创业者开展创业培训。结合农民工等人员返乡创业的特点和需求,大力培育有针对性的培训项目,积极开展"大学生村官""新型职业农民""农产品经纪人""乡村旅游、巾帼农家乐负责人"等人员创业培训和农民用网培训。加强农村电子商务人才培养,推广"创业培训+电子商务"模式,鼓励返乡创业人员参加电子商务就业技能培训,培育一批农村电子商务经纪人。创新培训方式,采取培训机构面授、远程网络互动等方式开展创业培训。加强创业导师队伍建设,建立健全创业辅导制度,从有经验和行业资源的成功企业家、职业经理人、电商辅导员、天使投资人、返乡创业带头人中选拔一批创业导师,为返乡创业人员提供创业辅导。支持返乡创业培训实习基地建设,鼓励中小企业、农产品加工企业、休闲农业企业和专业市场等为返乡创业人员提供创业见习、实习和实训服务。

（七）优化返乡创业公共服务。按照"政府提供平台、平台集聚资源、资源服务创业"的思路,依托基层就业和社会保障、中小企业、农村社区等公共服务平台,集聚公共资源和社会其他资源,开展各类创业服务专项活动,推进创业服务向农村延伸。统筹推进社会保障、住房、教育、医疗等基本公共服务制度改革,将返乡创业人员纳入公共服务范围。做好返乡创业人员社会保障关系转移接续等工作,将电子商务等新兴业态创业人员纳入社会保障覆盖范围。推进农村社区建设试点,提升其支持返乡创业和吸纳就业的能力,逐步建立城乡社区农民工服务衔接机制。

（八）完善返乡创业市场中介服务。积极培育专业化市场中介服务机构,为返乡创业人员提供项目推介、项目评估、市场分析、管理辅导、信贷融资等深度服务,并帮助改善管理、改进技术、开拓市场。鼓励大型市场中介服务机构跨区域发展,推动形成专业化、社会化、网络化的市场中介服务体系。完善政府购买社会服务机制,调动教育培训机构、创业服务企业、电子商务平台、行业协会、群团组织等社会各方参与的积极性,帮助返乡创业人员解决企业开办、经营、发展过程中遇到的难题。

（九）推动返乡创业与万众创新对接。引导和支持龙头企业建立市场化的创新创业促进机制,加速资金、技术和服务扩散,带动和支持返乡创业人员依托其相关产业链创业发展。鼓励大型科研院所建立开放式创新创业服务平台,吸引返乡创业农民工等各类创业者围绕其创新成果创业,加速科技成果资本化、产业化步伐。鼓励社会资本特别是龙头企业加大投入,结合其自身发展壮大需要,深化与新型创业服务机构的合作,建设发展市场化、专业化的众创空间,促进创新创意与企业发展、市场需求和社会资本有效对接。推行科技特派员制度,建设一批"星创天地",为农民工等人员返乡创业提供科技服务。

三、支持政策

（十）降低返乡创业门槛。深化商事制度改革,落实注册资本登记制度改革,优化返乡创业登记方式和审批流程,推广"网上登记"和"并联审批"。简化创业住所(经营场所)登记手续,推动"一址多照"、集群注册等住所登记制度改革。放宽经营范围,凡法律法规没有明文禁止的行业、领域,农民工等返乡创业人员均可进入。鼓励投资农村基础设施和在农村兴办各类事业,对政府主导、财政支持的农村公益性工程和项目,可采取购买服务、政府与社会资本合作等方式,引导农民工等人员创设的企业和社会组织参与建设、管护和运营。对能够商业化运营的农村服务业,向社会资本全面开放。制定鼓励社会资本参与农村建设目录,探索建立乡镇政府职能转移目录,鼓励返乡创业人员参与建设或承担公共服务项目,支持返乡人员创设的企业参加政府采购。将农民工等人员返乡创业纳入社会信用体系,建立健全返乡创业市场交易规则和服务监管机制,促进公共管理水平提升和交易成本下降。取消和下放涉及返乡创业的行政许可审批事项,全面取消非行政许可审批事项,减少返乡创业投资项目前置审批。

(十一)落实定向减税和普遍性降费政策。农民工等人员返乡创业,符合政策规定条件的,可享受减征企业所得税、免征增值税、营业税、教育费附加、地方教育附加、水利建设基金、文化事业建设费、残疾人就业保障金等税费减免和降低失业保险费率政策。各级财政、税务、人力资源社会保障部门要密切配合,按照国家、省有关政策规定和要求,确保优惠政策落地并落实到位。

(十二)加强财政支持。对返乡农民工等人员创办的新型农业经营主体,符合农业补贴政策支持条件的,可按规定同等享受相应的政策支持。对农民工等人员返乡首次成功创业并正常经营半年以上的创业主体,按规定给予一次性创业补贴,补贴标准由当地人民政府确定。对吸纳就业困难人员和高校毕业生并与其签订1年以上劳动合同、足额缴纳社会保险的初创企业,有条件的地方政府可给予一次性就业补贴;对招用就业困难人员的,按规定给予社会保险补贴和岗位补贴;对招用毕业年度高校毕业生的,按规定给予社会保险补贴。对参加创业培训合格并成功创业的返乡创业人员,给予创业培训补贴;对参加职业培训和职业技能鉴定的,可按规定享受职业培训补贴和职业技能鉴定补贴。对符合就业困难人员条件、灵活就业的返乡创业人员,给予一定的社会保险补贴。对具备各项支农惠农资金、小微企业发展资金等其他扶持政策规定条件的,及时纳入扶持范围,便捷申请程序,简化审批流程,建立健全政策受益人信息联网查验机制。经工商登记注册的网络商户从业人员,同等享受各项就业创业扶持政策;未经工商登记注册的网络商户从业人员,可认定为灵活就业人员,同等享受灵活就业人员扶持政策。鼓励各地设立电子商务发展引导专项资金,支持农村电子商务培训及企业、平台、园区等建设。将县(市、区)、乡(镇)电子商务服务中心和村电子商务服务站纳入公益性岗位开发范围,享受相关扶持政策。对被认定为省级农村电子商务示范基地、示范企业的,省财政给予一次性奖励。

(十三)强化金融服务。加强政府引导,运用创业投资类基金,吸引社会资本加大对农民工等人员返乡创业初创期、早中期的支持力度。在返乡创业较为集中、产业特色突出的地区,探索发行专项中小微企业集合债券、公司债券,开展股权众筹融资试点,扩大直接融资规模。促进农村商业银行、村镇银行、小额贷款公司等新型金融组织加快发展,进一步提高返乡创业的金融服务可获得性。建立健全返乡创业信用评价机制,扩大抵押物范围,鼓励银行业金融机构开发符合农民工等人员返乡创业需求特点的金融产品和金融服务。大力发展农村普惠金融,引导金融机构加大涉农信贷资金投放,运用金融服务"三农"发展的相关政策措施,支持农民工等人员返乡创业。落实创业担保贷款政策,优化贷款审批流程,对符合条件的返乡创业人员,可按规定给予财政贴息的创业担保贷款。建立贷款风险共担机制,合理划分创业担保贷款担保基金与经办银行的风险承担比例。创新返乡创业人员贷款审核发放机制,鼓励将土地经营权、房屋所有权、林权和农作物等纳入融资抵押范围。

(十四)完善返乡创业园支持政策。农民工返乡创业园的建设资金由建设方自筹;以土地租赁方式进行农民工返乡创业园建设的,形成的固定资产归建设方所有;物业经营收益按相关各方合约分配。对整合发展农民工返乡创业园,地方政府可在不增加财政预算支出总规模、不改变专项资金用途的前提下,合理调整支出结构,安排相应的财政引导资金,以投资补助、贷款贴息等恰当方式给予政策支持。鼓励银行业金融机构在有效防范风险的基础上,积极创新金融产品和服务方式,加大对农民工返乡创业园区基础设施建设和产业集群发展等方面的金融支持。有关方面可安排相应项目给予对口支持,帮助返乡创业园完善水、电、交通、物流、通信、宽带网络等基础设施。适当放宽返乡创业园用电用水用地标准,吸引更多返乡人员入园创业。对农民工返乡创业园被认定为省级创业示范基地的,省通过转移支付的方式给予一次性奖补。有条件的地区可对符合进入经认定的创业孵化基地(园)条件创业的农民工等人员,给予租金补贴。对农村电子商务创业园为电子商务创业人员提供创业场地支持和创业孵化服务的,可给予园区场租、水电、网络运营等相应补助。

四、组织实施

（十五）加强组织领导。各地、各部门要高度重视农民工等人员返乡创业工作，摆上重要议事日程，依托就业工作领导小组，建立就业部门牵头、相关部门密切配合的工作协调机制，明确任务分工，细化配套措施，跟踪工作进展，及时总结经验。重点做好《鼓励农民工等人员返乡创业三年行动计划纲要（2015—2017年）》的落实，明确时间进度，制定实施细则，确保工作实效。

（十六）注重示范带动。结合国家新型城镇化综合试点城市和中小城市综合改革试点城市组织开展试点工作，探索优化鼓励农民工等人员返乡创业的体制机制环境，构建良好的创新创业生态系统。打造一批传统产业创业示范基地、一批县级互联网创业示范基地，示范带动全省农民工等人员返乡创业工作深入开展。

（十七）强化氛围营造。坚持正确导向，以返乡创业人员喜闻乐见的形式，充分利用新闻媒体和微信等移动互联社交平台，搭建返乡创业交流平台，使之发挥凝聚返乡创业人员和交流创业信息、分享创业经验、展示创业项目、传播创业商机的作用。大力宣传支持农民工等人员返乡创业的政策措施及优秀返乡创业典型事迹，引导全社会共同关心和支持农民工等人员返乡创业，营造创业、兴业、乐业的良好环境。

江苏省人民政府办公厅
2015年9月17日

江苏省政府关于进一步加强为农民工服务工作的实施意见

苏政发〔2015〕75号

各市、县(市、区)人民政府,省各委办厅局,省各直属单位:

农民工是产业工人的主体,是推动江苏"两个率先"的重要力量。近年来,在各地、各有关部门的共同努力下,我省农民工就业规模持续扩大,职业技能不断提高,工资收入稳步增长,劳动保障权益得到有效维护,享受基本公共服务范围逐步扩大,关心关爱农民工的社会氛围正在形成。但也要看到,农民工就业稳定性还不强,劳动保障权益还存在被侵害现象,市民化进程还需加快。适应经济发展新常态,做好新形势下的为农民工服务工作,对于解决好农业农村农民问题,加快新型城镇化和城乡发展一体化,推进大众创业万众创新,构建社会主义和谐社会,具有重要意义。为认真贯彻《国务院关于进一步做好为农民工服务工作的意见》(国发〔2014〕40号)精神,进一步提升为农民工服务工作水平,有序推进农民工市民化,让广大农民工共享改革发展成果,现提出如下意见:

一、总体要求

(一)指导思想。以邓小平理论、"三个代表"重要思想、科学发展观为指导,认真贯彻党的十八大、十八届三中四中全会和习近平总书记系列重要讲话特别是视察江苏重要讲话精神,落实"四个全面"战略布局,按照新型工业化、信息化、城镇化、农业现代化同步发展的要求,大力推进农民工就业创业,切实维护农民工劳动保障权益,推动农民工逐步平等享受城镇基本公共服务和在城镇落户,促进农民工社会融合,有序推进、逐步实现有条件、有意愿的农民工市民化,为"迈上新台阶,建设新江苏"提供有力支撑。

(二)基本原则。

——坚持以人为本、公平对待。推进以人为核心的城镇化,公平保障农民工作为用人单位职工、作为城镇常住人口的权益,帮助农民工解决最关心最直接最现实的利益问题。

——坚持统筹兼顾、优化布局。按照经济社会发展总体规划和新型城镇化规划,进一步完善生产力布局和城镇化布局,引导农民工在不同区域、大中小城市和小城镇以及城乡之间合理分布。

——坚持城乡一体、改革创新。改革城乡二元体制机制,逐步建立完善有利于农民工市民化的基本公共服务、户籍、住房、土地管理、成本分担等制度。

——坚持分类推进、逐步实施。按照自愿、分类、有序的要求,因地制宜、存量优先,尽力而为、量力而行,重点促进长期在城镇居住、有相对稳定工作的农民工有序融入城镇,循序渐进推进农民工市民化。

(三)主要目标。到2020年,我省农村劳动力转移就业比例达75%以上,有培训愿望的农民工免费接受基本技能职业培训覆盖率达100%,农民工综合素质不断提高,劳动条件明显改善,工资基本无拖欠并稳定增长,参加社会保险全覆盖,实现城乡基本公共服务均等化全覆盖的常住人口城镇化率达到72%,户籍人口城镇化率与常住人口城镇化率差距缩小到5个百分点,未落户的农业转移人口也能享受城镇基本公共服务,农民工群体逐步融入城镇。

二、大力推进农民工就业创业

(四)稳定和扩大农民工就业。建立健全城乡劳动者平等就业制度,进一步清理针对农民工就业的歧视性规定。实行城乡统一的就业失业登记制度,把农民工纳入城乡就业失业登记管理体系。建立统一开放灵活的人力资源市场体系,健全城乡一体的公共就业服务网络,为农民工提供政策咨询、职业指导、职业介绍、就业信息等公共就业服务。大力发展吸纳就业能力强的电子商务、现代物流、家庭服务、旅游休闲等服务业,发挥小微企业就业主渠道作用,开发适合农民工的就业岗位。加快发展高效农业、休闲农业、农产品加工流通业,促进农村劳动力就地就近转移就业。组织开展"就业援助月""春风行动"等活动,搭建农民工就业供需平台。(省人力资源社会保障厅会同省发展改革委、省农委、省商务厅、省总工会负责)

(五)促进农民工创业。鼓励和支持农民工返乡创业、农村劳动力就地创业。依托基层公共就业服务等平台,为农民工创业提供创业指导、培训和服务。将农民工列为创业政策扶持对象,对符合条件的给予创业培训补贴、一次性创业补贴、创业带动就业补贴、税费减免、创业担保贷款等扶持。营造宽松便捷的创业准入环境,推行工商营业执照、组织机构代码证、税务登记证"三证合一",放宽经营场所登记条件,推广"一个窗口"受理、网上并联审批,简化创业行政审批管理。建设发展市场化、专业化的众创空间,帮助返乡农民工解决创业难题。开展省级创业型城市建设,依托现有各类园区等存量资源,整合发展一批农民工返乡创业园。大力发展"互联网+"和电子商务,健全农村信息、交通、物流等基础设施网络,鼓励和支持农民工网上创业。(省人力资源社会保障厅会同省发展改革委、省科技厅、省财政厅、省农委、省商务厅、省国税局、省地税局、省工商局、人民银行南京分行负责)

（六）强化农民工职业技能培训。把农民工纳入劳动者终身职业培训体系，推动农民工从体力型向技能型转变。实施农民工职业技能提升计划，确保新进入人力资源市场的农民工都有机会接受相应的就业技能培训，在岗农民工至少得到1次技能提升培训，培训合格率达90%以上。完善职业培训补贴政策，统一城乡职业培训补贴标准，实施政府购买紧缺职业（工种）高技能人才培训成果政策，建立由专项能力至高级技师的长效化培训补贴制度。改进培训补贴方式，面向市场确定培训职业（工种），形成培训机构平等竞争、农民工自主参加培训、政府购买服务的机制。建立农村劳动力资源培训需求调查制度、企业用工预报制度，促进农民工技能培训和就业岗位有效对接。推进公共就业培训机构服务规范标准化建设，依托现有各类技能实训基地为农民工提供技能实训。（省人力资源社会保障厅会同省教育厅、省科技厅、省财政厅、省扶贫办、省总工会、团省委、省妇联负责）

（七）加强农村新成长劳动力职业教育。大力发展多层次各类型现代职业教育，努力实现未升入普通高中、普通高等院校的农村应届初高中毕业生都能接受职业教育。全面落实中等职业教育免学费政策和家庭经济困难学生资助政策。加强面向农村招生的职业院校、技工院校建设，创新办学模式，深化产教融合、校企合作，强化师资队伍建设，提高教育质量，培养高素质技能人才。积极推进职业教育、技工教育学历证书和职业资格证书双证书制度。（省教育厅、省人力资源社会保障厅会同省发展改革委、省财政厅负责）

三、切实维护农民工劳动保障权益

（八）规范农民工劳动用工管理。开展劳动合同扩面提质专项行动，实施集体协商和集体合同制度攻坚计划，指导和督促用人单位与农民工依法普遍签订并履行劳动合同。对小微企业经营者开展劳动合同法律法规培训，提高其依法用工意识，规范用工行为。对使用农民工流动性大、季节性强、时间短的行业，可采取灵活的劳动合同管理办法。依法规范劳务派遣用工行为，清理规范工程建设领域违法发包分包行为。做好劳动用工备案、就业失业登记、社会保险登记等工作，加强对企业使用农民工的动态管理服务。（省人力资源社会保障厅会同省住房城乡建设厅、省工商局、省总工会负责）

（九）保障农民工工资报酬权益。全面治理拖欠农民工工资问题，进一步完善农民工工资支付保障长效机制。在建设领域和其他容易发生欠薪的行业，完善工资保证金、工资定期通过银行卡支付、实名制管理、劳动考勤、支付责任落实、联动处置和信用评价考核制度，有效预防拖欠农民工工资现象。建立健全欠薪应急周转金制度，完善并落实工程总承包企业对所承包工程的农民工工资支付全面负责、解决欠薪问题地方政府负总责制度。加强劳动保障监察执法和刑事司法联动，严厉打击恶意拖欠农民工工资等违法犯罪行为。合理调整最低工资标准，推动农民工工资集体协商，推进农民工与城镇职工同工同酬，促进农民工工资水平合理增长。（省人力资源社会保障厅会同省公安厅、省住房城乡建设厅、省法院、省总工会、人民银行南京分行负责）

（十）扩大农民工参加城镇社会保险覆盖面。深入实施"全民参保登记计划"，促进农民工等群体依法全面持续参加社会保险。将与企业建立稳定劳动关系的农民工全部纳入企业职工基本养老保险和城镇职工基本医疗保险，研究完善灵活就业农民工参加基本养老保险政策，灵活就业农民工可以参加当地城镇居民基本医疗保险。努力实现用人单位的农民工全部参加工伤保险，推进建筑施工企业农民工以建筑项目为单位参加工伤保险。将农民工的随迁子女纳入当地城镇居民基本医疗保险。完善社会保险关系转移接续政策，解决好农民工在不同地区之间、城乡之间流动时的社会保险关系接续问题。全面推行包括农民工在内的参保人员异地就医医疗保险费用即时结算。推动农民工与城镇职工平等参加工伤保险、失业保险、生育保险并享受同等待遇。对劳务派遣单位或用工单位侵害被派遣农民工社会保险权益的，依法追究连带责任。加强基层社会保险经办服务平台建设，整合社会保险经办管理资源，优化经办业务流程，提升对农民工的社会保险经办服务能力。（省人力资源社会保障厅会同省财政厅、省卫生计生委、省住房城乡建设厅、省总工会负责）

（十一）加强农民工安全生产管理和职业健康保护。督促用人单位落实安全生产和职业健康保护责任，加强对农民工的培训和管理，严格执行特殊工种人员持证上岗制度。将安全生产和职业健康相关知识纳入职业技能教育培训内容，强化高危行业和中小企业一线操作农民工的培训，提高其安全生产和自我防护意识。行业管理部门应督促生产经营单位开展农民工安全生产教育培训与考核。加大农民工集中行业的巡查、整治力度，严防发生安全生产事故。推进职业病防治技术服务体系建设，为农民工提供职业健康检查及职业病诊断与鉴定、医疗救治等技术服务保障。加强农民工职业病防治监管工作，保障符合相关政策规定的患职业病的农民工获得诊疗和生活等方面的救助。（省安监局、省卫生计生委分别会同省教育厅、省公安厅、省民政厅、省财政厅、省住房城乡建设厅、省交通运输厅、省总工会负责）

（十二）畅通农民工维护权益渠道。充分发挥劳动保障监察网格化、网络化管理机制作用，建立健全劳动关系监测预警和用人单位劳动保障信用监管制度，将维护农民工权益情况纳入信用分类指标体系。推进全省劳动保障监察联动举报投诉平台建设，加大日常监管和专项执法力度，强化行政司法联动，依法查处侵害农民工合法权益的行为。及时公正处理农民工劳动争议，畅通申诉"绿色通道"，优化受理立案程序，提高仲裁效率。建立健全涉及农民工的集体劳动争议调处机制。（省人力资源社会保障厅会同省公安厅、省司法厅、省法院、省总工会负责）

（十三）加强农民工法律援助和法律服务。健全基层法律援助和法律服务工作网络，加大法律援助工作力度，使符合条件的农民工及时便捷地获得法律援助。简化法律援助申请受理审查程序，完善异地协作机制，方便农民工异地申请获得法律援助。畅通法律服务热线，加大普法力度，不断提高农民工及用人单位的法治意识和法律素质，引导农民工合法理性维权。（省司法厅会同省法院、省总工会负责）

四、提升农民工享受城镇基本公共服务的水平

（十四）统筹农民工基本公共服务供给。合理规划建设城镇公共服务基础设施，按照常住人口配置基本公共服务资源，努力实现城镇基本公共服务覆盖在城镇常住的农民工及其随迁家属，使其逐步平等享受市民权利。农民工及其随迁家属在输入地城镇未落户的，依法申领居住证，持居住证享受规定的基本公共服务。在农民工输入相对集中的城市，依托街道和社区综合服务设施、就业和社会保障服务平台等基层公共服务资源，建立农民工综合服务平台，为农民工提供便捷、高效、优质的"一站式"综合服务。（省发展改革委会同省教育厅、省公安厅、省民政厅、省财政厅、省人力资源社会保障厅、省住房城乡建设厅、省文化厅、省卫生计生委负责）

（十五）保障农民工随迁子女平等接受教育的权利。将农民工随迁子女接受义务教育纳入输入地教育现代化建设和财政保障范围，并逐步纳入普惠性学前教育招生范围。合理规划学校布局，科学核定公办学校教师编制，推动农民工随迁子女就近在公办学校接受义务教育。采取政府购买服务等方式，保障未能在公办学校入学的随迁子女在普惠性民办学校接受义务教育。以输入地和普惠性幼儿园为主，推动农民工随迁子女接受学前教育。完善农民工随迁子女在输入地接受义务教育后参加异地中考、高考的制度，逐步实现农民工随迁子女与户籍学生在输入地接受义务教育、参加升学考试等方面享受同等待遇。开展关爱流动儿童活动。（省教育厅会同省发展改革委、省财政厅、省人力资源社会保障厅、团省委、省妇联负责）

（十六）加强农民工医疗卫生和计划生育服务。根据城镇常住人口规模和社区分布状况，合理配置卫生计生服务资源，将农民工及其随迁家属纳入社区卫生计生服务范围，享有与城镇居民同等的基本医疗卫生和计生服务。鼓励有条件的地方将符合条件的农民工及其随迁家属纳入当地医疗救助范围。实施国家免疫规划，保障农民工适龄随迁子女平等享受预防接种和妇幼健康服务。加强农民工聚居地的疾病监测、疫情处置和突发公共卫生事件应对，强化农民工健康教育、妇幼健康和精神卫生工作。加强部门、地区间艾滋病、结核病、血吸虫病等重大疾病的联防联控，落实"四免一关怀"等政策。开展流动人口卫生计生动态监测和"关怀关爱"活动。（省卫生计生委会同省发展改革委、省民政厅、省财政厅负责）

（十七）积极改善农民工居住条件。统筹规划城镇常住人口规模和建设用地面积，将解决农民工住房问题纳入住房发展规划。完善住房保障和供应体系，把符合条件的农民工家庭纳入住房保障范围，支持进城务工人员自主购买住房，并按规定享受购房契税和印花税等优惠政策。鼓励开发区、产业园区按照集约用地的原则，建设公寓楼、集体宿舍或单元型小户型公共租赁住房，多途径满足外来务工人员住房需求。允许招用农民工数量较多的企业，在符合规划和规定标准的用地规模范围内，利用企业办公及生活服务设施建设农民工集体宿舍，改善农民工住宿条件。逐步将与企业建立稳定劳动关系的农民工纳入住房公积金制度实施范围。（省住房城乡建设厅会同省发展改革委、省财政厅、省国土资源厅、省国税局、省地税局负责）

（十八）稳步推进农民工落户城镇。进一步推进户籍制度改革，落实放宽户口迁移政策，引导农民工及其随迁家属在城镇有序落户。按照具有合法稳定就业和合法稳定住所（含租赁）的基本要求，全面放开建制镇和小城市落户限制，有序放开中等城市落户限制，合理确定大城市、严格控制特大城市落户条件，让更多符合条件、有意愿的农民工及其随迁家属在城镇落户。全面实行居住证管理制度，在城市综合承载能力压力大的地方，积极推行积分落户制度。建立健全与农民工就业年限、居住年限和参加城镇社会保险年限等挂钩的城镇基本公共服务提供机制。（省公安厅会同省发展改革委、省人力资源社会保障厅、省统计局、省法制办负责）

（十九）保障农民工土地承包经营权、宅基地使用权、集体收益分配权。做好农村土地承包经营权和宅基地使用权确权登记颁证工作，依法保护农民工在原籍地的土地权益。建立省、市、县、乡四级联动的农村产权市场交易体系，加强农村产权流转管理和服务。推进农村集体产权制度改革，依法保障农民工的集体经济组织成员权利。落实相关法律和政策,妥善处理好农民工及其随迁家属进城落户后的土地承包经营权、宅基地使用权、集体收益分配权等问题。现阶段,不得以退出土地承包经营权、宅基地使用权、集体收益分配权作为农民进城落户的条件。(省农委、省国土资源厅分别会同省委农工办、省法制办、省法院负责)

五、促进农民工社会融合

(二十)保障农民工民主政治权利。加强农民工中的党组织建设,重视从农民工中发展党员,建立以输入地党组织为主、输出地党组织配合、城乡一体的农民工党员教育管理服务工作制度。积极推荐优秀农民工作为各级党代会、人代会、政协的代表、委员。在评选劳动模范、先进工作者、报考公务员和应聘国有企事业单位等方面与城镇职工同等对待。支持农民工在职工代表大会和社区居民委员会、村民委员会等组织中依法行使民主选举、民主决策、民主管理、民主监督的权利。(省农民工工作领导小组办公室会同省民政厅、省人力资源社会保障厅、省国资委、省总工会负责)

(二十一)丰富农民工精神文化生活。构建现代公共文化服务体系,推动现代公共文化服务标准化、均等化、社会化,保障农民工享有基本公共文化服务。大力开展农民工参与性强的群众文体活动,促进农民工与市民之间交往、交流,加快农民工融入社区步伐。鼓励更多的农民工免费进入公共图书馆、文化馆、博物馆等公共文化服务设施。加快公共数字文化综合服务平台建设,为农民工提供便捷多样的公共文化服务。推进"两看一上"(看报纸、看电视、有条件的能上网)活动,引导农民工积极参与全民阅读活动。鼓励企业开展面向农民工的文化活动,鼓励文化事业单位和文艺工作者及其他社会力量为农民工提供免费或优惠的文化产品与服务。加强对农民工的人文关怀,努力推进农民工本人融入企业、子女融入学校、家庭融入社区、群体融入城镇。(省文化厅会同省委宣传部、省民政厅、省新闻出版广电局、省总工会、团省委、省妇联负责)

(二十二)健全农村留守人员关爱服务体系。实施"共享蓝天""护蕾行动"和儿童安全守护等关爱农村留守儿童项目,建立留守儿童动态信息库,组织关爱服务队伍,建立关爱服务阵地,为留守儿童营造良好成长环境。加快农村幼儿园和寄宿制学校建设,优先满足留守儿童入托和寄宿需求。落实农村义务教育阶段家庭经济困难学生生活补助政策。在实施农村义务教育学生营养改善计划中,加大对农村留守儿童的关爱力度。对困境儿童进行分类保障。推进农村留守妇女关爱行动,加强农村"妇女之家"建设,帮助留守妇女解决生产、生活困难,维护其合法权益。加强农村养老设施建设与管理,发展适合农村特点的养老服务体系,改善农村留守老人特别是"空巢老人"的养老服务。加强农村社会治安管理,切实保障留守儿童、留守妇女和留守老人的安全。(省教育厅、省民政厅、省妇联、省公安厅、团省委分别负责)

六、加强为农民工服务工作的组织领导

(二十三)完善农民工工作协调机制。各级人民政府要把农民工工作列入经济社会发展总体规划和政府目标考核内容,建立健全考核评估机制,落实相关责任。市、县(市、区)人民政府要成立农民工工作领导小组,提高统筹协调能力和为农民工服务的效率。农民工工作领导小组每年要针对重点工作和突出问题进行督促检查,及时向当地政府报告农民工工作情况。(省农民工工作领导小组办公室会同各成员单位负责)

(二十四)加大农民工公共服务等经费投入。深化公共财政制度改革,建立政府、企业、个人共同参与的农民工市民化成本分担机制和财政转移支付同农民工市民化挂钩机制。各级财政部门要按照推进基本公共服务均等化的要求,统筹考虑农民工培训就业、社会保障、公共卫生、随迁子女教育、住房保障等基本公共服务的资金需求,为农民工平等享受基本公共服务提供经费保障;将农民工工作经费纳入公共财政预算支出范围;加强对农民工公共服务经费使用管理的监督检查,提高资金使用效率。(省财政厅会同省发展改革委、省教育厅、省民政厅、省人力资源社会保障厅、省住房城乡建设厅、省文化厅、省卫生计生委负责)

(二十五)发挥群众团体服务农民工的作用。创新工会组织形式和农民工入会方式,将农民工组织到工会中来。加强农民工团员的服务和管理,积极从新生代农民工中发展团员。各级工会、共青团、妇联组织要发挥维护农民工权益的积极作用,通过开展志愿者活动等方式,关心农民工及其子女的工作、生活和思想状况,积极为农民工提供服务。对为农民工服务的社会组织正确引导、给予支持,充分发挥他们为农民工提供服务、反映诉求、促进社会融合的积极作用。(省民政厅、省总工会、团省委、省妇联分别负责)

(二十六)夯实农民工工作基础。加强农民工相关数据统计工作,准确掌握农民工数量、结构及分布等情况。改进和完善农民工信息统计监测工作,建立输入地与输出地相结合、标准统一、信息共享的农民工统计调查监测体系,开展农民工市民化进程动态监测工作。深入开展农民工工作的理论和政策研究,为各级党委和政府相关决策提供依据。(省统计局、国家统计局江苏调查总队、省农民工工作领

导小组办公室会同各成员单位负责）

（二十七）营造关爱农民工的社会氛围。坚持正确的舆论导向，大力宣传党和政府关于农民工工作的方针政策和优秀农民工的典型事迹，使关心关爱农民工成为全社会的自觉行动。引导农民工树立社会主义核心价值观，培养诚实劳动、爱岗敬业的作风和文明、健康的生活方式。对优秀农民工和农民工工作先进集体及个人，按照相关规定进行表彰奖励。（省委宣传部、省农民工工作领导小组办公室会同各成员单位负责）

各地、各有关部门要按照本意见要求，结合实际制定和完善配套政策措施，积极研究解决工作中遇到的新问题，确保涉及农民工的各项政策措施落到实处。

江苏省人民政府
2015 年 7 月 2 日

江苏省政府办公厅关于支持农民工等人员返乡创业的实施意见

苏政办发〔2015〕94号

各市、县(市、区)人民政府,省各委办厅局,省各直属单位:

支持农民工、大学生和退役士兵等人员返乡创业,是激发全民创业活力的有力举措,对于推进大众创业、万众创新,带动就业和增加居民收入,促进新型工业化和农业现代化、城镇化和新农村建设协同发展具有重要作用。根据《国务院办公厅关于支持农民工等人员返乡创业的意见》(国办发〔2015〕47号),现就进一步做好农民工等人员返乡创业工作,提出如下实施意见:

一、总体要求

(一)指导思想。认真贯彻党的十八大、十八届三中四中全会和习近平总书记系列重要讲话特别是视察江苏重要讲话精神,以实施鼓励农民工等人员返乡创业三年行动计划纲要(2015—2017年)为抓手,以人力资本、社会资本的提升、扩散、共享为纽带,以产业转移、升级和融合为动力,坚持政府引导与市场主导协同、普惠性与扶持性政策结合、盘活存量与扩大增量并举,整合创业资源,拓展创业空间,优化创业环境,激发创业热情,加快建立多层次多样化的返乡创业格局,创造更多就地就近就业机会,汇入大众创业、万众创新热潮,催生民生改善、经济结构调整和社会和谐稳定新动能。

(二)主要目标。到2017年,培育和创建一批农村电子商务示范县,将整合发展农民工返乡创业园纳入全省创业基地建设统一规划,重点打造50个农民工返乡创业示范园,扶持农民工等人员成功自主创业9万人,带动就业30万人。

二、推进措施

(三)发展现代农业带动返乡创业。鼓励创业基础好、创业能力强的返乡人员,充分挖掘乡村、乡土、乡韵潜在价值,开发一批农林产品加工、休闲观光农业、乡村旅游、农业服务业等产业项目,发展农家乐集聚村,推动传统农业与现代服务业融合发展。支持新型农业经营主体发展,鼓励返乡人员共创农民合作社、家庭农场、农业产业化龙头企业、林场等,围绕规模种养、农产品加工、农村服务业,以及农技推广、林下经济、贸易营销、农资配送、信息咨询等,合作建立营销渠道,打造特色品牌,分散市场风险。鼓励已经成功创业的农民工等人员顺应产业转移的趋势和潮流,把适合的产业转移到家乡再创业、再发展。

(四)支持返乡人员发展电子商务创业。大力发展"互联网+农业"新经济形态,鼓励农民工等人员应用电子商务采购农业生产资料、销售农产品、开办农家乐。鼓励大学生村官、回乡创业青年、女能手(人)开展网上代购代销服务、来料加工业务。扶持有条件的返乡人员创业企业建立网络营销平台,开展农产品配送业务。采用政府投入、企业运营、公益为主、市场为辅的方式,设立县(市、区)、乡(镇)电子商务服务中心和村服务站,为返乡创业人员发展电子商务提供支持。统筹建设农村综合信息服务平台,促进农村电商平台普及应用,推动信息入户。支持电信企业改善县乡互联网和移动互联网服务,建设高速畅通、质优价廉、服务便捷的宽带网络基础设施和服务体系。引导和鼓励电子商务交易平台渠道下沉,带动返乡人员依托其平台和经营网络创业。加强交通物流等基础设施建设,支持乡镇政府、农村集体经济组织与社会资本合作共建电商物流仓储基地,健全县(市、区)、乡(镇)、村农村物流基础设施,鼓励物流企业完善物流下乡体系,提升冷链物流配送能力,畅通农产品进城与工业品下乡的双向流通渠道。开展"千村百乡"电子商务进农村综合示范活动,增创10个省级农村电子商务示范县。

(五)推进农民工返乡创业园建设。各地要根据市场需求和当地资源禀赋,依托现有各类合规开发园区、农业产业园,盘活闲置厂房、零散空地等存量资源,挖掘现有物业设施利用潜力,并与城乡基础设施建设、发展电子商务和完善物流基础设施等相结合,建设农民工返乡创业园等农村创业基地。属于非农业态的农民工返乡创业园,应按照城乡规划要求,结合老城或镇村改造,利用集体存量建设用地进行建设。属于农林牧渔业态的农民工返乡创业园,在不改变农地、集体林地、草场、水面权属和用途的前提下,允许建设方通过与权属方签订合约的方式整合资源开发建设。在战略性新兴产业及以高效农业、生态农业为特征的现代农业等重点领域,大力推进专业孵化器建设,加快培育中小微涉农市场主体。支持和引导各地整合发展一批重点面向初创期"种子培育"的返乡创业孵化基地、引导早中期创业企业集群发展的返乡创业园区,聚集创业要素,降低创业成本。

(六)强化农民工等人员创业培训。编制和实施农民工等人员返乡创业专项培训计划,深入开展创业培训进乡村活动,对有创业要求和培训愿望、具备一定创业条件的返乡大学生、农民工、退役士兵及处于创业初期的创业者开展创业培训。结合农民工等人员返乡创业的特点和需求,大力培育有针对性的培训项目,积极开展"大学生村官""新型职业农民""农产品经纪人""乡村旅游、巾帼农家乐负责人"等人员创业培训和农民用网培训。加强农村电子商务人才培养,推广"创业培训+电子商务"模式,鼓励返乡创业人员参加电子商务就业技能培训,培育一批农村电子商务经纪人。创新培训方式,采取培训机构面授、远程网络互动等方式开展创业培训。加强创业导师队伍建设,建立健全创业辅导制度,从有经验和行业资源的成功企业家、职业经理人、电商辅导员、天使投资人、返乡创业带头人中选拔一批创业导师,为返乡创业人员提供创业辅导。支持返乡创业培训实习基地建设,鼓励中小企业、农产品加工企业、休闲农业企业和专业市场等为返乡创业人员提供创业见习、实习和实训服务。

(七)优化返乡创业公共服务。按照"政府提供平台、平台集聚资源、资源服务创业"的思路,依托基层就业和社会保障、中小企业、农村社区等公共服务平台,集聚公共资源和社会其他资源,开展各类创业服务专项活动,推进创业服务向农村延伸。统筹推进社会保障、住房、教育、医疗等基本公共服务制度改革,将返乡创业人员纳入公共服务范围。做好返乡创业人员社会保障关系转移接续等工作,将电子商务等新兴业态创业人员纳入社会保障覆盖范围。推进农村社区建设试点,提升其支持返乡创业和吸纳就业的能力,逐步建立城乡社区农民工服务衔接机制。

(八)完善返乡创业市场中介服务。积极培育专业化市场中介服务机构,为返乡创业人员提供项目推介、项目评估、市场分析、管理辅导、信贷融资等深度服务,并帮助改善管理、改进技术、开拓市场。鼓励大型市场中介服务机构跨区域发展,推动形成专业化、社会化、网络化的市场中介服务体系。完善政府购买社会服务机制,调动教育培训机构、创业服务企业、电子商务平台、行业协会、群团组织等社会各方参与的积极性,帮助返乡创业人员解决企业开办、经营、发展过程中遇到的难题。

(九)推动返乡创业与万众创新对接。引导和支持龙头企业建立市场化的创新创业促进机制,加速资金、技术和服务扩散,带动和支持返乡创业人员依托其相关产业链创业发展。鼓励大型科研院所建立开放式创新创业服务平台,吸引返乡创业农民工等各类创业者围绕其创新成果创业,加速科技成果资本化、产业化步伐。鼓励社会资本特别是龙头企业加大投入,结合其自身发展壮大需要,深化与新型创业服务机构的合作,建设发展市场化、专业化的众创空间,促进创新创意与企业发展、市场需求和社会资本有效对接。推行科技特派员制度,建设一批"星创天地",为农民工等人员返乡创业提供科技服务。

三、支持政策

(十)降低返乡创业门槛。深化商事制度改革,落实注册资本登记制度改革,优化返乡创业登记方式和审批流程,推广"网上登记"和"并联审批"。简化创业住所(经营场所)登记手续,推动"一址多照"、集群注册等住所登记制度改革。放宽经营范围,凡法律法规没有明文禁止的行业、领域,农民工等返乡创业人员均可进入。鼓励投资农村基础设施和在农村兴办各类事业,对政府主导、财政支持的农村公益性工程和项目,可采取购买服务、政府与社会资本合作等方式,引导农民工等人员创设的企业和社会组织参与建设、管护和运营。对能够商业化运营的农村服务业,向社会资本全面开放。制定鼓励社会资本参与农村建设目录,探索建立乡镇政府职能转移目录,鼓励返乡创业人员参与建设或承担公共服务项目,支持返乡人员创设的企业参加政府采购。将农民工等人员返乡创业纳入社会信用体系,建立健全返乡创业市场交易规则和服务监管机制,促进公共管理水平提升和交易成本下降。取消和下放涉及返乡创业的行政许可审批事项,全面取消非行政许可审批事项,减少返乡创业投资项目前置审批。

（十一）落实定向减税和普遍性降费政策。农民工等人员返乡创业,符合政策规定条件的,可享受减征企业所得税、免征增值税、营业税、教育费附加、地方教育附加、水利建设基金、文化事业建设费、残疾人就业保障金等税费减免和降低失业保险费率政策。各级财政、税务、人力资源社会保障部门要密切配合,按照国家、省有关政策规定和要求,确保优惠政策落地并落实到位。

（十二）加强财政支持。对返乡农民工等人员创办的新型农业经营主体,符合农业补贴政策支持条件的,可按规定同等享受相应的政策支持。对农民工等人员返乡首次成功创业并正常经营半年以上的创业主体,按规定给予一次性创业补贴,补贴标准由当地人民政府确定。对吸纳就业困难人员和高校毕业生并与其签订1年以上劳动合同、足额缴纳社会保险的初创企业,有条件的地方政府可给予一次性就业补贴；对招用就业困难人员的,按规定给予社会保险补贴和岗位补贴；对招用毕业年度高校毕业生的,按规定给予社会保险补贴。对参加创业培训合格并成功创业的返乡创业人员,给予创业培训补贴；对参加职业培训和职业技能鉴定的,可按规定享受职业培训补贴和职业技能鉴定补贴。对符合就业困难人员条件、灵活就业的返乡创业人员,给予一定的社会保险补贴。对具备各项支农惠农资金、小微企业发展资金等其他扶持政策规定条件的,及时纳入扶持范围,便捷申请程序,简化审批流程,建立健全政策受益人信息联网查验机制。经工商登记注册的网络商户从业人员,同等享受各项就业创业扶持政策；未经工商登记注册的网络商户从业人员,可认定为灵活就业人员,同等享受灵活就业人员扶持政策。鼓励各地设立电子商务发展引导专项资金,支持农村电子商务培训及企业、平台、园区等建设。将县(市、区)、乡(镇)电子商务服务中心和村电子商务服务站纳入公益性岗位开发范围,享受相关扶持政策。对被认定为省级农村电子商务示范基地、示范企业的,省财政给予一次性奖励。

(十三)强化金融服务。加强政府引导,运用创业投资类基金,吸引社会资本加大对农民工等人员返乡创业初创期、早中期的支持力度。在返乡创业较为集中、产业特色突出的地区,探索发行专项中小微企业集合债券、公司债券,开展股权众筹融资试点,扩大直接融资规模。促进农村商业银行、村镇银行、小额贷款公司等新型金融组织加快发展,进一步提高返乡创业的金融服务可获得性。建立健全返乡创业信用评价机制,扩大抵押物范围,鼓励银行业金融机构开发符合农民工等人员返乡创业需求特点的金融产品和金融服务。大力发展农村普惠金融,引导金融机构加大涉农信贷资金投放,运用金融服务"三农"发展的相关政策措施,支持农民工等人员返乡创业。落实创业担保贷款政策,优化贷款审批流程,对符合条件的返乡创业人员,可按规定给予财政贴息的创业担保贷款。建立贷款风险共担机制,合理划分创业担保贷款担保基金与经办银行的风险承担比例。创新返乡创业人员贷款审核发放机制,鼓励将土地经营权、房屋所有权、林权和农作物等纳入融资抵押范围。

(十四)完善返乡创业园支持政策。农民工返乡创业园的建设资金由建设方自筹;以土地租赁方式进行农民工返乡创业园建设的,形成的固定资产归建设方所有;物业经营收益按相关各方合约分配。对整合发展农民工返乡创业园,地方政府可在不增加财政预算支出总规模、不改变专项资金用途的前提下,合理调整支出结构,安排相应的财政引导资金,以投资补助、贷款贴息等恰当方式给予政策支持。鼓励银行业金融机构在有效防范风险的基础上,积极创新金融产品和服务方式,加大对农民工返乡创业园区基础设施建设和产业集群发展等方面的金融支持。有关方面可安排相应项目给予对口支持,帮助返乡创业园完善水、电、交通、物流、通信、宽带网络等基础设施。适当放宽返乡创业园用电用水用地标准,吸引更多返乡人员入园创业。对农民工返乡创业园被认定为省级创业示范基地的,省通过转移支付的方式给予一次性奖补。有条件的地区可对符合进入经认定的创业孵化基地(园)条件创业的农民工等人员,给予租金补贴。对农村电子商务创业园为电子商务创业人员提供创业场地支持和创业孵化服务的,可给予园区场租、水电、网络运营等相应补助。

四、组织实施

（十五）加强组织领导。各地、各部门要高度重视农民工等人员返乡创业工作，摆上重要议事日程，依托就业工作领导小组，建立就业部门牵头、相关部门密切配合的工作协调机制，明确任务分工，细化配套措施，跟踪工作进展，及时总结经验。重点做好《鼓励农民工等人员返乡创业三年行动计划纲要（2015—2017年）》的落实，明确时间进度，制定实施细则，确保工作实效。

（十六）注重示范带动。结合国家新型城镇化综合试点城市和中小城市综合改革试点城市组织开展试点工作，探索优化鼓励农民工等人员返乡创业的体制机制环境，构建良好的创新创业生态系统。打造一批传统产业创业示范基地、一批县级互联网创业示范基地，示范带动全省农民工等人员返乡创业工作深入开展。

（十七）强化氛围营造。坚持正确导向，以返乡创业人员喜闻乐见的形式，充分利用新闻媒体和微信等移动互联社交平台，搭建返乡创业交流平台，使之发挥凝聚返乡创业人员和交流创业信息、分享创业经验、展示创业项目、传播创业商机的作用。大力宣传支持农民工等人员返乡创业的政策措施及优秀返乡创业典型事迹，引导全社会共同关心和支持农民工等人员返乡创业，营造创业、兴业、乐业的良好环境。

江苏省人民政府办公厅
2015年9月17日

省政府办公厅关于支持返乡下乡人员创业创新促进农村一二三产业融合发展的实施意见

苏政办发〔2017〕29 号

各市、县(市、区)人民政府,省各委办厅局,省各直属单位:

为支持农民工、中高等院校毕业生、退役士兵和科技人员等返乡下乡人员到农村创业创新,推进农业供给侧结构性改革,推动农村一二三产业融合发展,促进农民就业增收,根据《国务院办公厅关于支持返乡下乡人员创业创新促进农村一二三产业融合发展的意见》(国办发〔2016〕84 号),紧密结合江苏实际,现提出如下实施意见。

一、重点领域和发展方向

(一)突出重点领域。鼓励和引导返乡下乡人员结合自身优势和特长,根据市场需求和当地资源禀赋,利用新理念、新技术和新渠道,开发农业农村资源,发展优势特色产业,繁荣农村经济。重点发展规模种养业、特色农业、设施农业、定制农业、林下经济、庭院经济等农业生产经营模式,烘干、贮藏、保鲜、净化、分等分级、包装等农产品加工业,农资配送、耕地修复治理、病虫害防治、农田托管、农机作业服务、农产品流通、农业废弃物处理、农业信息咨询等生产性服务业,休闲农业和乡村旅游、民族风情旅游、传统手工艺、文化创意、养生养老、中央厨房、农村绿化美化、农村物业管理等生活性服务业,以及科技型、文化型、功能型、生态型、服务型创意农业等其他新产业新业态新模式。

(二)丰富创业创新方式。鼓励和引导返乡下乡人员按照法律法规和政策规定,通过承包、租赁、入股、合作等多种形式,创办领办家庭农场、畜禽规模养殖场、农民合作社、农业企业、农业社会化服务组织等新型农业经营主体。通过聘用管理技术人才组建创业团队,与其他经营主体合作组建现代企业、企业集团或产业联盟,加强农村科技服务超市建设,打造高水平星创天地,为返乡下乡人员创业创新提供精准服务。实施"互联网+"现代农业行动,利用互联网思维和技术,积极发展农业农村电子商务,开展网上创业。通过发展合作制、股份合作制、股份制等形式,培育产权清晰、利益共享、机制灵活的创业创新共同体。

(三)推进农村产业融合。鼓励和引导返乡下乡人员按照全产业链、全价值链的现代产业组织方式开展创业创新,建立合理稳定的利益联结机制,推进农村一二三产业融合发展,让农民分享二、三产业增值收益。以农牧(农林、农渔)结合、循环发展为导向,发展优质高效绿色农业。大力发展农产品加工业和农业生产性服务业,实行产加销一体化运作,延伸农业产业链条。推进农业与农业农村电子商务、旅游、教育、文化、健康养老等产业深度融合,提升农业价值链。优化产业布局,培育产业集群和农村产业融合发展先导区,引导返乡下乡人员到特色小城镇和产业园区创业创新。

二、政策措施

（四）简化市场准入。落实简政放权、放管结合、优化服务一系列措施,深化行政审批制度改革,持续推进商事制度改革,提高便利化水平。继续拓展"多证合一、一照一码"应用范围,在县级层面推行工商营业执照和食品经营许可证"证照联办"。加快全程电子化登记和电子营业执照的应用,推进全程电子化登记区域、主体、业务全覆盖。推进名称改革,进一步释放住所资源。推动简易注销改革,提高市场主体退出效能。（省工商局等负责）

（五）改善金融服务。采取财政贴息、融资担保、扩大抵押物范围等综合措施,努力解决返乡下乡人员创业创新融资难融资贵问题。稳妥有序推进农村承包土地经营权抵押贷款试点,有效盘活农村资源、资金和资产。鼓励银行业金融机构开发符合返乡下乡人员创业创新需求的信贷产品和服务模式,探索权属清晰的包括农业设施、农机具在内的动产和不动产抵押贷款业务,提升返乡下乡人员金融服务可获得性。推进农村普惠金融发展,加快建立返乡下乡人员信用评价体系,加强对纳入信用评价体系返乡下乡人员的金融服务。加大对农业保险产品的开发和推广力度,探索开展价格指数保险、收入保险、信贷保证保险、农产品质量安全保证保险、畜禽水产活体保险等创新试点,更好地满足返乡下乡人员的风险保障需求。建立完善新型农业经营主体风险补偿机制,发挥好融资风险补偿基金、农业信贷担保和"农业保险贷"等产品的精准支农作用。（人民银行南京分行、江苏银监局、江苏保监局、省财政厅、省农委、省林业局等负责）

（六）加大财政支持力度。加快将现有财政政策措施向返乡下乡人员创业创新拓展,将符合条件的返乡下乡人员创业创新项目纳入强农惠农富农政策范围。现有涉农财政政策措施向返乡下乡人员创业创新倾斜,新型职业农民培育、农村一二三产业融合发展、农业科技创新推广服务、农业生产全程社会化服务、农产品加工、现代农业产业发展等各类财政支农项目和产业基金,要将符合条件的返乡下乡人员纳入扶持范围,采取以奖代补、先建后补、政府购买服务等方式予以积极支持。大学生、留学回国人员、科技人员、青年、妇女等人员创业的财政支持政策,要向返乡下乡人员创业创新延伸覆盖。把返乡下乡人员开展农业适度规模经营所需贷款纳入农业信贷担保体系。切实落实好定向减税和普遍性降费政策。(省财政厅、省教育厅、省科技厅、省经济和信息化委、省人力资源社会保障厅、省农委、省国税局、省地税局、省林业局、团省委、省妇联等负责)

(七)落实用地用电支持措施。在符合土地利用总体规划的前提下,统筹安排农村建设用地,积极盘活农村存量建设用地,促进农村新产业、新业态发展。支持返乡下乡人员按照相关用地政策,开展设施农业建设和经营。落实大众创业万众创新、现代农业、农产品加工业、休闲农业和乡村旅游等用地政策。鼓励返乡下乡人员依法以入股、合作、租赁等形式使用农村集体土地发展农业产业,依法使用农村集体建设用地开展创业创新。支持返乡下乡人员依托自有和闲置农房院落发展农家乐。在符合农村宅基地管理规定和相关规划的前提下,允许返乡下乡人员和当地农民合作改建自住房。县级人民政府在年度建设用地指标中单列一定比例专门用于返乡下乡人员建设农业配套辅助设施。在符合相关规划的前提下,经市、县人民政府批准,返乡下乡人员利用现有房屋和土地,兴办健康养老、乡村旅游、生产性服务业、"互联网+"等新型业态,可实行继续按原用途和土地权利类型使用土地的过渡政策,过渡期为5年,期满后需按新用途办理用地手续的,符合划拨用地目录的可以划拨方式供地。城乡建设用地增减挂钩政策腾退出的建设用地指标,以及通过农村闲置宅基地整理新增的耕地和建设用地,重点支持返乡下乡人员创业创新。支持返乡下乡人员与农村集体经济组织共建农业物流仓储等设施。鼓励利用"四荒地"(荒山、荒沟、荒丘、荒滩)和厂矿废弃地、砖瓦窑废弃地、道路改线废弃地、闲置校舍、村庄空闲地等用于返乡下乡人员创业创新。农林牧渔业产品初加工项目在确定土地出让底价时可按不低于所在地土地等别相对应全国工业用地出让最低价标准的70%执行。加强农村产业融合发展与主体功能区规划、城乡规划、土地利用总体规划有效衔接,完善县域产业空间布局和功能定位。返乡下乡人员发展农业、林木培育和种植、畜牧业、渔业生产、休闲农业和乡村旅游、农业农村电子商务、农业排灌用电以及农业服务业中的农产品初加工用电,包括对各种农产品进行脱水、凝固、去籽、净化、分类、晒干、剥皮、初烤、沤软或大批包装以供应初级市场的用电,均执行农业生产电价。(省国土资源厅、省发展改革委、省住房城乡建设厅、省农委、省林业局、省旅游局、省电力公司等负责)

(八)开展创业培训。实施农民工等人员返乡创业培训五年行动计划和新型职业农民培育工程、农村青年创业致富"领头雁"计划、贫困村创业致富带头人培训工程,开展农村妇女创业创新培训,让有创业和培训意愿的返乡下乡人员都能接受培训。建立完善返乡下乡人员信息库和动态数据统计分析机制,摸清返乡下乡人员底数、创业意愿、培训需求等基本情况。针对返乡下乡人员实际和地域经济特色,开展专项培训,帮助提升创业能力。各级人民政府要将返乡下乡人员创业创新培训经费纳入财政预算。鼓励利用涉农院校、大学生创业示范基地等各类培训资源参与返乡下乡人员培训,支持各类园区、星创天地、农民合作社、乡村旅游创客基地、中高等院校、农业企业等建立创业创新实训基地。采取线上学习与线下培训、自主学习与教师传授相结合的方式,开辟培训新渠道。加强创业创新导师队伍建设,从企业家、投资者、专业人才、科技特派员和返乡下乡创业创新带头人中遴选一批导师。建立高校院所专家、农业科技人员和创业导师与返乡下乡人员的对口联系制度,鼓励涉农科研教学单位积极组织科技人员进村入户,及时开展技术指导和跟踪服务。(省人力资源社会保障厅、省农委、省教育厅、省科技厅、省民政厅、省旅游局、省林业局、省扶贫办、团省委、省妇联等负责)

(九)完善社会保障政策。返乡下乡人员可在创业地按相关规定参加各项社会保险,完善社会保险关系转移接续政策,确保返乡下乡创业人员在城乡和地区之间流动时各类社会保险关系顺畅转接。健全全民医保体系,按规定将返乡下乡人员及其子女纳入基本医保覆盖范围。返乡下乡创业创新的就业困难人员、离校1年内未就业高校毕业生,向所属街道、乡镇(社区)劳动保障工作机构申报就业,并以灵活就业人员身份参加社会保险,履行缴费义务后,对符合条件的申请人按规定给予社会保险补贴。对返乡下乡人员初始创业失败后生活困难的,可按规定享受社会救助。将返乡下乡人员缴存住房公积金纳入劳动合同文本正式条款,确保包括在城镇各类企事业单位就业的返乡下乡人员纳入住房公积金缴纳范围;探索统筹使用对农业转移人口的财政补贴资金,建立返乡下乡人员住房公积金补贴缴存机制;鼓励返乡下乡创业的个体工商户和自由职业者个人缴存住房公积金。持有居住证的返乡下乡人员的子女可在创业地接受义务教育,依有关规定接受普惠性学前教育。(省人力资源社会保障厅、省财政厅、省民政厅、省住房城乡建设厅、省教育厅等负责)

(十)强化信息技术支撑。支持返乡下乡人员投资入股参与信息进村入户工程建设和运营,可聘用其作为村级信息员或区域中心管理员。鼓励各类电信运营商、电商平台对返乡下乡人员开展农业生产技术、农产品电子商务、信息化知识培训,提供农业技术、农资配送、农机作业等农业社会化服务,指导开展农产品、农业生产资料、休闲观光农业等网上营销，开展全省农民用网推广活动，搭建创业大赛、创客论坛等多种形式交流平台，培育一批"会上网、能开店、善经营"的农村电商"新农人"。面向返乡下乡人员开展信息技术技能培训。通过财政补贴、政府购买服务、落实税收优惠等政策，支持返乡下乡人员利用大数据、物联网、云计算、移动互联网等新一代信息技术开展网上创业，创办农业生产经营与服务企业，创新技术、业态和商业模式。（省农委、省发展改革委、省经济和信息化委、省财政厅、省商务厅、省国税局、省林业局等负责）

（十一）创建创业园区（基地）。按照政府搭建平台、平台聚集资源、资源服务创业的思路，依托现有现代农业产业园区、农产品加工集中区、开发区等各类园区以及专业市场、农民合作社、休闲观光农业、农村电子商务、农村信息化应用示范基地、农业规模种养基地等，整合创建一批具有区域和产业特色的返乡下乡人员创业创新园区（基地），建立开放式服务窗口，形成合力。现代农业示范区、农产品加工集中区要发挥辐射带动和示范作用，成为返乡下乡人员创业创新的重要载体。支持中高等院校、大型企业采取众创空间、创新工厂等模式，创建一批重点面向初创期"种子培育"的孵化园（基地），有条件的地方可对符合补贴条件的返乡下乡人员到孵化园（基地）、农业园区等创业按规定给予租金补贴。（省农委、省发展改革委、省科技厅、省经济和信息化委、省财政厅、省人力资源社会保障厅、省商务厅、省文化厅、省教育厅、省林业局等负责）

三、组织领导

（十二）健全组织领导机制。各地、各有关部门要充分认识返乡下乡人员创业创新的重要意义，作为经济社会发展的重点任务予以统筹安排。省农委要发挥牵头作用，明确推进机构，加强工作指导，建立部门间协调机制，不定期召开工作推进会，强化督促检查，加强经验交流和推广。省各相关部门要按照职能分工，积极推动返乡下乡人员创业创新政策落实。市、县人民政府要建立协调机制，明确任务分工，落实部门责任，形成工作合力，加强调查研究，结合本地实际，研究制定和落实支持返乡下乡人员创业创新的政策措施。探索建立领导干部定点联系返乡下乡人员创业创新制度，深入了解情况，帮助解决实际问题。（省农委、市县人民政府等负责）

（十三）提升公共服务能力。积极开展面向返乡下乡人员的政策咨询、市场信息等公共服务。推进农村社区综合服务设施和信息平台建设，依托现有的各类公益性农产品市场和园区（基地），为返乡下乡人员创业创新提供高效便捷服务。做好返乡下乡人员创业创新的土地流转、项目选择、科技推广等方面专业服务。利用农村调查系统和农村固定观察点,加强对返乡下乡人员创业创新的动态监测和调查分析。(省农委、省发展改革委、省民政厅、省人力资源社会保障厅、省商务厅、省统计局、省林业局等负责)

(十四)加强宣传引导。采取编制手册、制定明白卡、编发短信微信微博等方式,宣传解读政策措施。积极利用江苏卫视"走进新农村"、农家致富手机报等媒体专栏,大力弘扬创业创新精神,树立返乡下乡人员先进典型,宣传推介优秀带头人,发挥其示范带动作用。充分调动社会各界支持返乡下乡人员创业创新的积极性,广泛开展创业大赛、创业大讲堂等活动,营造良好氛围。(省农委等负责)

江苏省人民政府办公厅
2017 年 2 月 17 日

江苏省政府关于深入推进大众创业万众创新发展的实施意见

苏政发〔2018〕112号

各市、县(市、区)人民政府,省各委办厅局,省各直属单位:

　　为深入贯彻党的十九大报告中提出的"鼓励更多社会主体投身创新创业"精神和2018年《政府工作报告》关于"打造'双创'升级版"的工作部署,落实《国务院关于强化实施创新驱动发展战略进一步推进大众创业万众创新深入发展的意见》(国发〔2017〕37号)有关要求,进一步优化双创生态环境,加快发展新经济、培育发展新动能、构筑双创新引擎,充分发挥双创在新旧动能转换过程中的战略支撑作用,着力推动新时代江苏经济社会高质量发展,不断开拓大众创业万众创新工作新局面。现结合我省实际,提出以下意见。

　　以习近平新时代中国特色社会主义思想和党的十九大精神为指导,认真落实习近平总书记对江苏工作的重要指示精神,以供给侧结构性改革为主线,推动经济发展质量变革、效率变革、动力变革,坚持创新、协调、绿色、开放、共享的发展理念,进一步拓展双创的深度和广度,提升双创的科技内涵,增强双创的发展实效,优化双创的发展环境,加强双创的实施保障,形成线上线下结合、产学研用协同、大中小企业融合的双创格局,多措并举推进江苏经济由高速增长阶段转向高质量发展阶段。到2020年,基本形成"要素集聚、载体多元、服务专业、活动持续、资源共享"的大众创业万众创新的生态体系。鼓励更多社会主体投身创新创业,实现创新带动创业、创业促进创新的良性循环,全省新增注册企业年均增速保持在13%左右,年均带动就业约100万人次以上;发展创业投资,全省创业投资备案企业管理资本规模超1500亿元,鼓励投向更多早中期、初创期企业,破解双创企业融资难题;建设一批高水平的双创示范基地,形成30个左右可复制可推广的双创模式和典型经验;创建一批双创支撑平台,健全双创服务体系,推动各类要素向双创集聚;举办各类双创活动,推动双创理念更加深入人心。

一、扩大试点示范效应,进一步加强双创深度

　　(一)推进国家级和省级双创示范基地建设。充分发挥现有国家和省级双创示范基地示范和辐射作用,推进认定一批省级双创示范基地,积极争取国家级双创示范基地。通过试点示范完善双创政策环境,推动双创政策落地,扶持双创支撑平台,构建双创发展生态,调动双创主体积极性,发挥双创集众智汇众力的乘数效应,形成双创成功经验并向全省推广。到2020年,打造100个覆盖全省各地,包括区

域、高校和科研院所、创新型企业等主体类型的省级双创示范基地。(责任部门:省发展改革委、省教育厅、省经济和信息化委)

(二)推动小型微型企业双创基地发展。培育一批国家、省和市级小微企业"双创"基地,推动小微企业"双创"基地向智慧化、平台化、生态化方向发展,通过示范基地的辐射带动作用,提升小微企业"双创"基地建设和运营水平,不断提高双创服务能力,为各类双创主体健康发展提供有效支撑。到2020年,创建300个省级小微企业双创示范基地。(责任部门:省经济和信息化委、省科技厅、省发展改革委)

(三)鼓励开展离岸双创基地合作。鼓励与世界知名高校、科研院所、龙头企业及科技社团等开展合作,共同设立离岸双创基地,探索海外高端人才引进新机制,建立与世界接轨的柔性人才引进机制,深度融入全球产业链、创新链、价值链,打造立足区域、服务全球的海外创新资源的集聚平台,实现更高水平"引进来",更加有效"走出去"。到2020年,创建50个省级离岸双创基地。(责任部门:省商务厅、省发展改革委、省科技厅、省教育厅、省科协)

(四)打造一批众创社区和专业化众创空间。在全省重点培育和打造一批"创新资源富集、创业服务完善、产业特色鲜明、人居环境适宜、管理体制科学"的众创社区,引导众创空间向专业化、精细化方向升级,支持龙头骨干企业、高校、科研院所围绕优势细分领域建设平台型众创空间,打造最具活力和竞争力的双创生态系统。到2020年,创建100个省级众创社区。(责任部门:省科技厅、省经济和信息化委、省教育厅)

(五)加快创业示范基地建设。坚持就业优先战略,促进以创业带动就业,争取新增一批国家级创业孵化示范基地,加快认定一批省级创业孵化示范基地、省级大学生创业示范园和省级创业培训实训示范基地,试点推动老旧商业设施、仓储设施、闲置楼宇、过剩商业地产转为创业孵化基地,进一步加快构建主体多元化、类型多样化、产业集群化的创业载体新格局,提升我省创业载体建设整体水平。(责任部门:省人力资源社会保障厅、省发展改革委、省经济和信息化委、省教育厅、省科技厅)

(六)制定省级双创平台认定和考核标准。推进现有各类省级双创平台交流与合作,形成双创推进合力。省有关部门分工负责制定省级双创平台认定标准体系,规范省级双创平台认定工作。对已认定的双创平台实施定期评价,对于不合格的双创平台第一年提出警告,连续两年不合格者予以摘牌。通过定期评价,优胜劣汰,持续提升省级双创平台的服务质量。(责任部门:省发展改革委、省经济和信息化委、省教育厅、省科技厅、省人力资源社会保障厅、省农委)

二、激发多元主体活力,进一步拓宽双创广度

(七) 强化创新示范企业培育。充分发挥大企业在资金、技术、人才、市场等方面的优势,带动中小企业双创,着力培育形成一批具有国际先进技术水平和国际竞争力的创新型企业。推动认定省级战略性新兴产业创新示范企业,实施"专精特新"企业培育计划,培育一批"专精特新"产品、科技小巨人企业和制造业单项冠军示范(培育)企业。实施重点骨干企业"双创"平台示范工程,打造龙头企业、中小企业协同共生的双创新格局。(责任部门:省发展改革委、省经济和信息化委、省科技厅)

(八) 推进农村青年返乡创业基地建设。鼓励农村青年返乡创业,重点整合建设一批农村青年返乡创业基地,打造具有江苏区域特色的创业集群。把返乡下乡人员双创纳入双创相关政策支持范围,允许返乡下乡人员依法使用集体建设用地开展双创,返乡农民工可在创业地参加各项社会保险,鼓励有条件的地方将返乡农民工纳入住房公积金缴存范围,按规定将其子女纳入城镇(城乡)居民基本医疗保险参保范围。(责任部门:省农委、省人力资源社会保障厅、省国土资源厅、省住房城乡建设厅、省卫生计生委)

(九) 深化高等院校双创教育改革。整合双创教育课程资源,建立双创教育课程资源共享平台,推行在线开放课程和跨校学习的认证、学分认定制度,鼓励双创教育专家、知名企业家进课堂,推动高水平双创讲座、高品位双创活动进课程。鼓励建立弹性学制,支持在校学生保留学籍休学创业。将双创教育纳入教师专业技术职务评聘标准和绩效考核指标体系,支持教师以对外转让、合作转化、作价入股、自主创业等形式将科技成果产业化,鼓励教师带领学生双创。(责任部门:省教育厅、省人力资源社会保障厅)

(十) 开展江苏大学生创业培育计划。依托省内高校设立的大学科技园、软件园、产业园、创业园(街)等,支持建设一批大学生双创示范基地。举办"创青春"大学生创业大赛、江苏青年双创大赛等各类双创活动,支持奖励一批大学生优秀创业项目。鼓励地方设立大学生双创天使投资基金,对符合产业政策和发展方向的大学生创业项目提供股权融资支持。(责任部门:省教育厅、团省委、省人力资源社会保障厅、省科技厅、省金融办)

(十一) 鼓励科研院所专业技术人员双创。在履行所承担的公益性研发服务职能的前提下,进一步扩大科研院所自主权,强化激励导向,支持科研院所符合条件的专业技术人员携带科技成果以在职创业、离岗创业等形式开展双创活动,切实解决离岗创业人员的人事关系、基本待遇、职称评聘、考核管理等问题,提高科研院所成果转化效率。(责任部门:省科技厅、省教育厅、省人力资源社会保障厅)

(十二)引进高层次人才来我省创业。灵活制定引才引智政策,采取不改变人才的户籍、人事关系等方式,解决关键领域高素质人才稀缺等问题。加大对海内外高层次人才或团队来我省创业的政策支持力度,简化事业单位引进高层次和急需紧缺人才招录程序。深入实施"双创计划""凤还巢计划"和留学人员回国双创启动支持计划,对拥有先进技术和自主知识产权的人才或团队到我省实施成果转化的项目,在同等条件下给予倾斜支持。对回国领军人才、高端人才创办的科技型中小企业,在同等条件下给予优先支持。(责任部门:省人才办、省人力资源社会保障厅、省科技厅、省财政厅、省教育厅)

(十三)加强外国人才制度保障。完善外国高端人才居住证制度。推动外国人签证审批权限下放至县级公安机关,放宽来苏外国高端人才永久居留证办理条件,对列入省"双创人才"的外国高端人才,其本人及其外籍配偶和未满18周岁外籍子女,可申请办理永久居留手续,拥有永久居留身份证,享受与中国公民同等待遇。简化外国高层次人才办理在华工作许可和居留证件程序,开展安居保障、子女入学和医疗保健等服务"一卡通"试点。允许外国留学生凭高校毕业证书、创业计划申请加注"创业"的私人事务类居留许可。依法申请注册企业的外国人,可凭创办企业注册证明等材料向有关部门申请工作许可和工作类居留许可。(责任部门:省公安厅、省人才办、省教育厅、省人力资源社会保障厅、省卫生计生委、省住房城乡建设厅)

三、加快成果转移转化,进一步提升双创科技内涵

(十四)加快重大科技成果转化应用。围绕我省战略性新兴产业重点领域,以需求为导向发布一批符合产业导向、带动作用大的科技成果包。发挥财政资金引导作用和科技中介机构成果筛选、市场化评估、融资服务、成果推介等作用,鼓励企业探索新的商业模式和科技成果产业化路径。(责任部门:省科技厅、省经济和信息化委、省发展改革委)

(十五)加强基础研究和应用技术研究有机衔接。发挥高校和科研院所基础研究创新源头作用,进一步加强关键共性技术、前沿引领技术、现代工程技术、颠覆性技术创新。深入实施江苏高校协同创新计划,支持建设一批国家级、省级和校级

协同创新中心。组织高校和科研院所不定期发布科技成果目录,建立面向企业的技术服务网络,推动科技成果与产业、企业需求有效对接。鼓励和支持省内高校和科研院所普遍建立技术转移中心,创建国家技术转移机构。支持建立中科院科技服务网络江苏中心,推动中科院科技成果在江苏的转移转化。(责任部门:省教育厅、省科技厅、省发展改革委)

四、融合实体经济发展,进一步增强双创发展实效

(十六)加快产业创新中心建设。充分发挥江苏实体经济发达和科教人才资源集聚优势,探索形成示范引领全国的产业创新发展模式,结合江苏的产业特点,遴选江苏在全球具有影响力的优势产业,由领军型企业牵头,联合行业上下游企业、金融机构、知名高校和科研院所,整合创新资源,形成创新网络,创建一批国家产业创新中心,培育一批省级产业创新中心,构建创新活力强劲与产业繁荣发展共融共生的新型产创载体。到2020年,创建20个省级产业创新中心。(责任部门:省发展改革委、省经济和信息化委、省科技厅)

(十七)实施制造业创新中心建设工程。着力培育一批省级制造业创新中心,争创一批国家级制造业创新中心,通过汇聚创新资源,建立共享机制,发挥溢出效应,打通技术开发到转移扩散到首次商业化应用的创新链条,进一步完善以企业为主体、市场为导向、产学研相结合的制造业创新体系,形成制造业创新驱动、大中小企业协同发展的新格局,切实提高制造业创新能力,推动我省制造业由大变强。(责任部门:省经济和信息化委、省发展改革委、省科技厅)

(十八)开展"互联网+"行动。全面落实《省政府关于加快推进"互联网+"行动的实施意见》,在制造业、普惠金融、现代农业、电子商务、现代物流、智慧能源、绿色生态和政务服务等领域,加快打造"互联网+"融合发展新模式,鼓励发展基于互联网的新技术、新产品、新服务和新业态创新,增强各行业竞争力。实施"互联网+小微企业"行动计划,推动小微企业利用互联网技术和资源提升创新力和生产力。(责任部门:省发展改革委、省经济和信息化委、省科技厅)

(十九)深入推进智能制造。推进大中型企业深化信息技术综合集成应用,鼓励工业企业综合应用虚拟设计制造、智能测控、精益管理以及集成协同等技术提升智能制造能力。着力培育先进机器人、3D打印机等新型智能装备,提高重大成套设备及生产线系统集成水平。推进智能制造车间改造和智能工厂建设,创建一批智能制造示范试验区和两化融合智慧园区,形成智能制造和双创融合发展的新局面。(责任部门:省经济和信息化委、省发展改革委、省科技厅)

（二十）培育"共享经济"新业态。落实我省《关于促进共享经济发展的实施意见》，以支持双创为核心，按照鼓励创新、包容审慎的原则，大力发展生产能力共享、生活服务共享、现代农业共享、交通物流共享、医疗健康共享和金融保险共享等领域，支持各类共享经济平台建设，研究制定"共享经济"发展统计指标体系，科学、准确、及时反映经济结构优化升级的新进展。（责任部门：省发展改革委、省经济和信息化委、省科技厅、省统计局）

（二十一）推动"数字经济"和实体经济深度融合。研究出台我省《关于促进数字经济发展的实施意见》，充分发挥信息技术在资源合理配置和高效利用中的重要作用，鼓励数字经济领域双创，推动数字经济和实体经济深度融合，加快传统产业数字化、智能化，拓展经济发展新空间。（责任部门：省发展改革委、省经济和信息化委、省科技厅）

（二十二）推进供应链创新与应用。落实《国务院办公厅关于积极推进供应链创新与应用的指导意见》，推进供应链与互联网、物联网深度融合，创新发展供应链新理念、新技术、新模式，高效整合各类资源和要素，提升产业集成和协同水平，打造大数据支撑、网络化共享、智能化协作的智慧供应链体系，推进供给侧结构性改革，进一步提升我省经济竞争力。（责任部门：省商务厅、省发展改革委、省经济和信息化委）

（二十三）推进军民融合发展。以《江苏省经济建设和国防建设融合发展的实施意见》出台为契机，进一步打通"军转民"和"民参军"渠道，加强"军工＋"体系建设，在高端制造、节能环保、空天海洋等领域，推动建立一批军民结合、产学研一体的产业协同创新平台，打造一批军民融合创新示范区，形成军民融合发展新优势。（责任部门：省发展改革委、省经济和信息化委）

五、加强双创服务，进一步优化双创发展环境

（二十四）支持创业投资引导基金发展。积极争取国家新兴产业创业投资引导基金、国家中小企业发展基金、国家科技成果转化引导基金等在江苏设立一批创业投资子基金。鼓励江苏省政府投资基金，江苏省新兴产业创业投资引导基金等设立创业投资子基金。全面落实创业投资企业和天使投资个人有关税收试点政策，引导社会资本参与创业投资。省天使投资风险补偿资金对符合条件的天使投资机构按规定给予一定的风险投资损失补偿。依法依规豁免国有创业投资机构和国有创业投资引导基金国有股转持义务。（责任部门：省发展改革委、省经济和信息化委、省科技厅、省财政厅、省国资委、省税务局）

（二十五）鼓励创新金融服务方式。支持金融机构为创业企业创新活动提供股权和债权相结合的融资服务方式，以"小股权、大债权"方式，为企业提供金融服务。在有效防控风险的前提下，合理赋予大型银行县级支行信贷业务权限。支持地方性法人银行增设从事普惠金融服务的小微支行，支持地方性商业银行向县域及以下增设网点、延伸服务。引导江苏银行等地方性商业银行开展先行先试，改造小微企业信贷流程和信用评价模型，提高信贷审批效率，降低信贷审批门槛，破解轻资产的创业企业贷款难问题。（责任部门：省金融办、江苏银监局、省发展改革委、省经济和信息化委、省科技厅、人民银行南京分行）

（二十六）拓宽创业企业直接融资渠道。支持符合条件的科技型企业在中小板、创业板、新三板上市或挂牌。稳步扩大双创公司债券试点规模，鼓励双创企业利用短期融资券、专利质押、商标质押等方式融资。利用好区域性股权交易市场，充分发挥江苏股权交易中心"科创板"和"专精特新板"作用，为已完成股份制改造的双创企业提供区域性融资平台。鼓励保险公司为科技型中小企业知识产权融资提供保险服务，对符合条件的由地方各级人民政府提供风险补偿。支持政府性融资担保机构为科技型中小企业发债提供担保。鼓励地方各级人民政府建立政银担、政银保等不同类型的风险补偿机制。（责任部门：省金融办、省发展改革委、省经济和信息化委、省科技厅、省财政厅、江苏银监局、江苏证监局、江苏保监局）

（二十七）优化财政资金支持双创方式方法。探索在战略性新兴产业相关领域率先建立利用财政资金项目的创新成果限时转化制度，财政资金支持形成的创新成果，除涉及国防、国家安全、国家利益、重大社会公共利益外，在合理期限内未能转化的，可依法依规强制许可实施转化。改革财政资金、国有资本参与创业投资的投入管理标准和规则，建立完善与其特点相适应的绩效评价体系。（责任部门：省发展改革委、省科技厅、省财政厅、省国资委）

（二十八）强化知识产权公共服务供给。构建省、市、县三级知识产权公共服务网络，免费开放专利、商标、版权、集成电路布图设计、植物新品种、地理标志等基础信息。在南京江北新区、苏南国家自主创新示范区、徐州高新区试点建立知识产权综合法律服务平台。建立完善知识产权运用和快速协同保护体系，加快推进快速保护由单一产业领域向多领域扩展。健全完善创新券的管理制度和运行机制，试点发放知识产权服务券，通过政府购买方式，支持知识产权服务机构为中小微企业、双创团队、众创空间提供知识产权服务。（责任部门：省知识产权局、省科技厅、省新闻出版广电局）

（二十九）推动创新资源开放共享。落实《省政府关于重大科研基础设施和大型科研仪器向社会开放的实施意见》，鼓励科学仪器设备集中约束管理，财政资金购置的50万元以上的仪器设备接入国家网络管理平台并对社会开放，提高设备使用效率，充分释放服务潜能，为双创提供有效支撑。（责任部门：省科技厅、省教育厅、省财政厅）

六、推进体制机制创新，进一步加强实施保障

（三十）强化双创组织领导。进一步完善由省发展改革委牵头，省经济和信息化委、教育厅、科技厅、财政厅、人力资源社会保障厅等单位参与的省级双创联席会议制度，明确双创联席会议成员单位职责分工，加强对双创工作的指导、监督和评估。各地要认真落实省政府工作部署，成立工作推进机构，形成上下联动的工作格局。（责任部门：省发展改革委、省经济和信息化委、省教育厅、省科技厅、省财政厅、省人力资源社会保障厅等）

（三十一）精准有效推进"放管服"。试行市场准入负面清单制度，市场准入负面清单以外的行业、领域、业务等，各类市场主体皆可依法平等进入，对有利于双创活动的互联网教育等行业适当放宽准入条件。全面推行行政审批标准化，逐步实现同一事项同等条件无差别办理。支持科技类社会组织有序承接政府转移职能，不断增加公共服务产品的有效供给。（责任部门：省编办、省发展改革委、省经济和信息化委、省教育厅、省科技厅、省财政厅、省人力资源社会保障厅、省商务厅、省工商局、省政务办等）

（三十二）加快推进不见面审批改革。加快推进《关于全省推进不见面审批（服务）改革实施方案》在各领域各地区的落地，以"网上办、集中批、联合审、区域评、代办制、不见面"为指南，加快将我省打造成为审批事项最少、办事效率最高、双创活力最强地区之一，推动实现政府治理体系和治理能力的现代化。（责任部门：省编办、省发展改革委、省经济和信息化委、省教育厅、省科技厅、省财政厅、省人力资源社会保障厅、省商务厅、省工商局、省政务办等）

（三十三）深化商事制度改革。加快推动信息采集、记载公示、管理备查类的一般经营项目涉企证照事项，以及企业登记信息能够满足政府部门管理需要的涉企证照事项，进一步整合至营业执照，实现更大范围的"多证合一"。加快推广企业集群注册、自助办照、名称自主申报、手机工商通等新业务系统，进一步提高全程电子化登记比例。进一步提升工商登记效能，尽快实现具备条件的企业名称预先核准和设立登记合并办理，加快涉企事务网上办理，全面推进落实"3550"工作要求。

(责任部门：省工商局、省国土资源厅、省住房城乡建设厅、省税务局、省食品药品监管局、省质监局等)

（三十四）打造双创江苏品牌。办好全国"双创活动周"、"创响江苏活动月"、中国（江苏）国际双创大会、"创业江苏"科技创业大赛、中国江苏中小企业双创大赛、"i创杯"江苏省互联网双创大赛、江苏省"互联网＋"大学生双创大赛训练营等赛事和活动，加大对双创的宣传力度，加强舆论引导，大力营造鼓励创新、宽容失败的良好环境。(责任部门：省发展改革委、省经济和信息化委、省教育厅、省科技厅、省人力资源社会保障厅等)

江苏省人民政府
2018年8月24日